PIÈGE AU NORD

GERMANISATION

DE LA BELGIQUE

L'ALLEMAGNE ET LA FRANCE EN PRÉSENCE

PAR UN EX-OFFICIER

La Belgique est l'échiquier
sur lequel se décidera la lutte
fatalement engagée entre la
France et l'Allemagne.

PRIX : 1 FR. 50

PARIS
E. DENTU, ÉDITEUR
LIBRAIRE DE LA SOCIÉTÉ DES GENS DE LETTRES
3, place de Valois (Palais-Royal)
1888
Tous droits réservés

PIÈGE AU NORD

GERMANISATION

DE LA BELGIQUE

L'ALLEMAGNE ET LA FRANCE
EN PRÉSENCE

PAR UN EX-OFFICIER

> La Belgique est l'échiquier
> sur lequel se décidera la lutte
> fatalement engagée entre la
> France et l'Allemagne.

PARIS

E. DENTU, ÉDITEUR

LIBRAIRE DE LA SOCIÉTÉ DES GENS DE LETTRES

3, place de Valois (Palais-Royal)

1888

AVANT-PROPOS

La Conscience de l'Histoire

La vérité pour tous, la flétrissure pour
les indignes; telle est la loi de l'historien;
elle le domine, car l'histoire n'est pas une
courtisane à qui on puisse sans forfai-
ture prostituer sa plume.

L'Auteur.

PREMIÈRE PARTIE
La vérité sur la Révolution Belge.
La France jouée.

CHAPITRE PREMIER
Causes réelles

La Révolution Belge de 1830, la plus colossale erreur d'un peuple, fut l'œuvre du clergé dans l'orbite duquel gravitaient les ambitions déçues de quelques avocats d'un libéralisme douteux et tous les Jérôme Paturots d'aventures en quête d'une position sociale.

La cause apparente de cette révolution, celle que les classiques officiels ont donnée pour mystifier les instruments inconscients et crétiniser les générations sur qui allait peser le poids de cette lourde faute, peut-être aussi pour amnistier leurs patrons du crime national qu'ils venaient de commettre, est la tyrannie dont la Hollande accablait la Belgique.

Rien n'est plus faux, et jamais né furent plus jésuitiquement et plus cyniquement exploitées les intentions d'un peuple arrivé envers un peuple misérable.

En 1815, le Congrès de Vienne avait réuni les

anciens Pays-Bas autrichiens et la principauté de Liège à la Hollande. Guillaume Ier, de cette famille d'Orange-Nassau dont le libéralisme est traditionnel, ne put, sans un vif sentiment de commisération, jeter les yeux sur ces belles provinces, ruinées par la guerre, abruties par le fanatisme qui n'y avait pas déteint depuis la domination espagnole, et condamnées, sous l'exploitation d'un clergé qui ne relevait que de Rome, à continuer en plein XIXe siècle, livré à la plus honteuse dégradation, les traditions de l'absolutisme religieux.

Pour avoir un aperçu de ce qu'était alors la Belgique, il faut se reporter en Espagne aux temps de toutes les ignorances, sous l'Inquisition.

Dans toutes les villes, à tous les coins, le long de toutes les rues, ce n'étaient que calvaires, statues de saints et de saintes glorifiant les noms les plus macabres, blafardés le soir des lueurs luciolantes des cierges et des chandelles, devant lesquels, agenouillée ou prosternée sur le pavé et jusque dans le ruisseau, se tenait une foule hâve, crétinisée, sans énergie, demandant au Ciel la fin de tous ses maux : choléra, famine, épidémie ; et Dieu, quelquefois miséricordieux, lui envoyait la mort.

Dans les églises, encombrant les cités, se pressaient, à la voix de leurs prêtres, dévoués aux

Hapsbourg, fils soumis de Rome, qui leur avait donné la puissance, des longs flots d'hommes, de femmes et d'enfants, allant implorer quelques saints particuliers pour la réunion de la Belgique à la maison d'Autriche, *de glorieuse mémoire*, disaient les cancres et les thuriféraires en soutane.

Dans les campagnes, le long de tous les chemins, c'étaient des longues caravanes bredouillant des cantiques, précédées, dans toute leur mise en scène théâtrale, d'évêques, de moines, de curés, de religieuses, de bedeaux, de congrégations, d'enfants de chœur, se rendant en pèlerinage aux chapelles édifiées aux vierges miraculeuses sur tous les points de la Belgique.

Et les ateliers étaient fermés, la terre ne produisait plus que quelques maigres pommes de terre, le commerce et l'industrie étaient à l'agonie.

C'était une Irlande que le clergé et quelques opulentes familles des époques bourguignonne, espagnole et autrichienne : les de Croy, les de Chimay, les de Montpellier, les de Manix, les d'Arschoot, les de Ligne, les de Looz-Corswarem et les Corswarem-Looz, etc., s'étaient partagée.

Mais la Providence veillait, disaient les prêtres gras au peuple squelette.

Oui, elle veillait, et cette Providence, c'était

la Hollande protestante, dont le sein avait toujours été ouvert à toutes les infortunes de toutes les croyances.

La déception de l'épiscopat et des jésuites, qui florissaient en Belgique, fut grande lorsqu'ils apprirent la décision du Congrès. Mais, fidèle à ses traditions d'hypocrisie et de ruse, le clergé, obéissant au mot d'ordre arrivé de Rome, fut le premier à faire acte d'adhésion au nouveau gouvernement, prévoyant que le roi Guillaume, malgré son esprit de conciliation, se heurterait à des préjugés qu'il comptait bien exploiter.

Rien n'était plus assimilable cependant que la majeure partie des provinces belges réunies à la Hollande pour former le royaume des Pays-Bas ; il y avait entre elles une communauté d'origine, de langue, de souvenirs historiques, qui les rendait éminemment propres à se fusionner.

En effet, la nation belge, formée de deux rameaux des souches primitives cimbrique et kymrique, dont la première a peuplé le nord et le centre de l'Europe, et la seconde le sud de l'Angleterre, le nord et l'est de la France, n'avait jamais eu d'autonomie propre. Après s'être fondue dans la fédération des peuples de la Gaule, elle fut asservie par Charlemagne qui en partagea les terres, avec la plèbe qui y était attachée, à ses leudes : princes, ducs et comtes. Au démembrement du vaste État créé par cet

empereur, ceux-ci acquirent une quasi indépendance sous la suzeraineté plus souvent nomi-
nale qu'effective des rois de France et des
empereurs d'Allemagne ; il y eut les comtés de
Hollande, de Zélande, de Gueldre, de Flandre,
de Hainaut, de Limbourg, de Luxembourg, de
Namur ; les duchés de Brabant, de Juliers, de
Clèves et de Lorraine ; la principauté de Liège ;
le marquisat d'Anvers ; les évêchés d'Utrecht et
de Trèves et la Frise qui formèrent, sous la
domination des princes de la maison de Bourgogne les dix-sept Provinces-Unies du cercle de
Bourgogne.

Dans le nord, où l'influence romaine n'avait pu
pénétrer, on parlait un idiome dérivé du cimbre,
tandis que dans le sud s'était répandu un idiome
français de la langue d'oil, corruption de la
langue romane ; d'où deux dialectes qui servirent
à désigner ces peuples : flamand et wallon.

Lorsque le souffle de la liberté communale, né
de la fermentation des esprits en présence des
choses nouvelles qui étaient venues élargir l'horizon des peuples pendant les croisades, se
fut répandu sur l'Europe, les Flamands revendi-
quèrent leurs droits avec un héroïsme qui a
immortalisé la lutte des Communes flamandes.
Les Wallons, abâtardis par le dogme catholique
de l'obéissance au prince, assistèrent impassibles
à cette rénovation sociale.

1.

Dès ce jour, la scission fut complète ; la lumière venait du Nord.

Sous Philippe II, alors que la vaste monarchie créée par Charles-Quint craquait de toutes parts, les provinces flamandes ayant adopté les idées philosophiques nouvelles, se soulevèrent contre la domination espagnole, et sous les noms de *gueux de mer* et de *gueux de bois*, luttèrent contre l'absolutisme monarchique et religieux, tandis que les provinces wallonnes, courbées sous la puissance du clergé, combattirent leurs frères du Nord.

Cette défection amena le triomphe de l'Espagne.

Cependant il ne fut pas complet, les Flamands de la Belgique actuelle, seuls, furent soumis, tandis que ceux de la Hollande, continuant la lutte, protégés par leurs marécages, leurs lagunes et la mer, arrachèrent leur indépendance à Philippe II qui, par le traité d'Utrecht, reconnut le stathoudérat des sept Provinces-Unies.

Le système d'obscurantisme de l'Espagne, fidèlement suivi par l'Autriche à qui échurent les provinces belges restées aux descendants de Charles-Quint, les replongea dans les ténèbres, et deux siècles après, lorsque la Liberté à la suite des armées républicaines de la France pénétra en Belgique, elle trouva un peuple abruti. L'effet qu'elle produisit fut comme un ensoleillement pénétrant par toutes les issues dans une caverne remplie de hiboux et de chauves-souris ; ce furent des cris assourdissants, des gémissements, des imprécations... les bons dieux de bois, les saints de plâtre et les petits Jésus de carton étaient humiliés, relégués dans les cabinets de débarras. Horreur ! Les prêtres crièrent à l'abomination de la désolation, à l'antechrist, à la fin du monde, et le peuple se sauva dans les bois en hurlant lamentablement: Damnés de Français !

Peu à peu cependant, et la Terreur aidant, le clergé se montra moins provocateur et le calme se fit dans les esprits, mais les Flamands, chez qui la Réforme avait trouvé ses plus chauds adeptes, qui avaient jadis pillé les églises catholiques et pendu leurs prêtres, se montrèrent, comme les Wallons, rebelles à l'influence française, et à la chute de Napoléon, le clergé se révéla toujours aussi dominateur et toujours aussi assoiffé d'autorité qu'aux jours où le bras séculier de l'Espagne exécutait ses ordres.

Tel était le peuple dont Guillaume avait accepté la tutelle.

Ce n'était pas chose facile de relever son moral, de l'élever au niveau du peuple hollandais instruit par quatre siècles de philosophie et d'érudition, riche, industrieux, possédant de

vastes colonies, rivalisant sur mer avec l'Angleterre.

Elle était bien mince la part que la Belgique
apportait à la masse commune.

Le roi Guillaume alla au plus pressé; c'était
du pain qu'il fallait aux malheureuses provinces
belges. Les millions sortirent de la cassette
royale. Gand, dont la nombreuse population ne
vit que de l'industrie linière, fut la première
ville dotée ; ses fabriques se rouvrirent, ses
métiers reprirent leurs mouvements. Le port
d'Anvers, fermé au commerce sous l'Empire,
revit ses flottes de vaisseaux chargés des
richesses de tous les continents. Les hauts-
fourneaux et les usines des bassins houillers
reprirent leur activité.

L'administration, l'armée, l'érection des défen-
ses nationales imposées à la Hollande par le
Congrès, tout était à faire.

La Hollande fournit ses administrateurs, ses
généraux, ses ingénieurs, ses finances et l'édifice
national prit forme. Mais le clergé, sentant sa
puissance lui échapper, souffla son haleine de
démon sur l'ouvrage des hommes.

Dans toute société en travail d'enfantement, il
y a des non-valeurs, des inutiles, des rêveurs
qui se disent incompris, des viveurs qui refusent
de mettre la main au labeur commun, mais
pourvus d'appétits à dévorer la part des travail-

leurs, des rastaquouères cosmopolites à l'affût d'un coup à tenter, enfin d'un tas d'ambitieux incapables d'autre chose que de gueuseries, comme tous les pays en ont vu aux jours de révolution surgir de leur bauge de fainéantise, pour aborder le *parloir* public; c'est à cette tourbe que le clergé s'adressa.

Comment! la Hollande ne les avait pas faits tous généraux, ministres, juges, référendaires, amiraux, ambassadeurs! c'était d'une injustice criante, leur dirent les évêques. Ah! si les évêques avaient gouverné... mais c'était la Hollande protestante qui dominait et son plan était d'évincer les catholiques des affaires.

C'était le thème de discorde soufflé par des aspirations inavouables par lequel la cléricalerie patentée et la cléricalerie ambulante, si nombreuses en Belgique, fomentaient une haine sourde contre le régime hollandais.

Alors des avocats sans cause, des diplomates de cabaret, des généraux d'émeute qui ne se battent jamais, se répandirent dans les clubs et les confréries. On les entendit hurler dans un bagout de tabagie à faire pleurer le père Duchêne: *Faudra nous voir quand nous serons au pouvoir; c'est nous qui vous foutrons du progrès de la justice et de la liberté!*

On les y a vus et on les y voit encore, et c'est triste.

Sait-on ce que pratiquait ce régime hollandais contre lequel s'élevait le clergé? Le principe le plus moral du gouvernement constitutionnel : les fonctions dévolues aux plus instruits, aux plus capables, aux plus intègres. On comprend que les Belges, victimes du long despotisme clérical, ne devaient pas être très nombreux dans les positions élevées du royaume.

Cependant Guillaume, pour donner aux Belges toutes les facultés de se hausser au niveau de leurs frères hollandais, au lieu de sévir aima mieux faire des réformes ; il sécularisa l'enseignement jusque-là entièrement entre les mains du clergé en Belgique et rendit obligatoire l'étude de la langue hollandaise — le flamand académique.

Rien n'était plus logique, puisque les Belges prétendaient à toutes les fonctions, il fallait non-seulement qu'ils s'instruisissent, mais encore qu'il connussent la langue nationale qui était celle de la grande majorité de la population des Pays-Bas, car en tirant une ligne partant de Maestricht et se continuant par Herstal, Tirlemont, sous la banlieue de Bruxelles, Hal, Lessines et Mouscron, tout le nord parlait flamand, tandis que le sud, composé d'éléments hétérogènes, ne se servait que du wallon, et de l'allemand dans la partie du Luxembourg voisine de l'Allemagne.

Les éléments ce composaient comme suit :

Peuples des dialectes flamands

La Hollande proprement dite 3,500,000 habitants
Provinces belges au nord 3,200,000 —

Total 6,700,000 habitants

La Hollande proprement dite 32,841 kilom. car.
Provinces belges au nord 14,900 —

Total 47,741 kilom. car.

Peuples des dialectes wallons

Provinces belges au sud 1,950,000 habitants.
Luxembourg à l'ouest 150,000 —

Total 2,100,000 habitants.

Provinces belges au sud 10,037 hilom. car.
Luxembourg à l'ouest 3,418 —

Total 14,455 kilom. car.

Peuple du dialecte germanique

Le Luxembourg à l'est 250,000 habitants.
Le Luxembourg à l'est 3,500 kilom. car.

On voit que l'élément wallon ne représentait pas même le quart de la population générale, et cependant ce fut cette minorité qui se fit le promoteur de toutes les revendications en criant à l'oppression et à la persécution lorsque parurent les décrets de Guillaume sur l'enseignement.

La vérité est que, loin d'être oppressif, Guillaume se montra généreux et protecteur pour les Belges, mais le clergé, voyant ses derniers retranchements menacés, poussa par tous les moyens, même par ceux qui répugnent à la plus vulgaire honnêteté, à une séparation qui lui rendrait en Belgique son influence des jours néfastes de la domination espagnole et autrichienne. Le tort de Guillaume est de ne pas avoir chassé des Pays-Bas la tourbe cosmopolite en soutane, en froc et en frac qui, de tous temps, s'est engraissée sur le sol belge en exploitant l'ignorance, les superstitions les plus grossières et les consciences incultes ; en agissant ainsi, il serait parvenu à pacifier les esprits.

CHAPITRE II.

Le Mouvement

L'Angleterre vit avec une joie diplomatique-
ment contenue le mouvement révolutionnaire
belge qui, des provinces wallonnes, avait gagné
les provinces flamandes. Plus calme et plus
clairvoyante que la France, parce qu'elle est
toujours et en tout pratique, elle n'avait pas
été dupe des raisons que le Congrès de Vienne
avait données à ses plénipotentiaires pour l'ame-
ner à signer la convention relative à la
réunion de la Belgique à la Hollande; elle
savait que c'était contre sa suprématie maritime que le prince de Metternich avait conçu
le projet d'une puissance maritime capable
de balancer sur le continent celle de l'Angleterre. Elle avait donné à ses alliés pendant
la coalition trop de preuves de son âpreté
et de son ambition pour ne pas avoir laissé à la
paix des suspicions légitimes dans l'esprit des
hommes d'Etat de l'Europe ; dans l'ardeur de sa

lutte contre la France, elle s'était trahie, et les services qu'elle avait rendus à la Sainte-Alliance avaient été appréciés à leur juste valeur par la diplomatie dont la gratitude n'est pas la qualité dominante.

La Hollande, par sa position géographique, ses forces navales et ses colonies, avait été de tous temps la rivale de l'Angleterre ; il ne lui manquait qu'une forte assise en Europe pour lui donner l'importance nécessaire à la conception de Metternich, et les provinces belges la lui donnèrent.

Que les soi-disants patriotes belges crussent aux bonnes dispositions de l'Angleterre à leur égard, cela n'a rien d'étonnant ; ils étaient assez jobards pour cela, mais si, plus au courant du mouvement littéraire, ils avaient lu quelques *novels* qui se publiaient alors chez leurs protecteurs intéressés, ils auraient pu connaître ce qu'ils pensaient d'eux. Dans sa caractérisation des peuples d'Europe, un des plus grands littérateurs anglais écrivait : Belge : *stioupitt*. Le mot *Belge comme une oie* se retrouve dans un autre auteur, et Fénimore Cooper, passant par la Belgique au moment des troubles, écrivait : Les Belges ne savent pas ce qu'ils veulent. C'était vrai et c'est leur seule excuse ; mais les meneurs le savaient, eux.

L'Angleterre savait aussi que cette révolution allait défaire l'œuvre que le Congrès de Vienne avait si prudemment édifié pour la paix et l'équilibre de l'Europe; elle avait encore compris que la Belgique-État, c'était un marché anglais; que son pied envahisseur se posait de nouveau sur le continent.

C'est dans ces conditions que sa diplomatie joua le rôle de médiateur.

Le mouvement révolutionnaire belge fut autrement apprécié en France; ce fut chez elle de l'emballement.

Avec l'illogisme, la courte-vue et le manque de réflexion qui ont présidé à toutes ses expéditions, elle crut se venger de la Sainte-Alliance en coopérant à la destruction du royaume des Pays-Bas. Depuis 1815, elle n'avait vu dans l'acte du Congrès de Vienne consolidant la Hollande qu'une menace dirigée contre elle, tandis qu'entièrement favorable aux Bourbons, il n'avait pensé qu'à affaiblir la puissance de sa séculaire antagoniste.

Ces dispositions de la France, enfiévrée elle-même de révolution à cette époque, n'auraient pas dépassé les limites d'un enthousiasme tout platonique, si Charles X, qui savait à quoi s'en tenir sur la formation du royaume des Pays-Bas, avait encore été au pouvoir; malheureusement, ce fut un d'Orléans rapace, ayant contracté envers l'Angleterre des dettes que la France devait payer, qui fut l'arbitre de ses destinées.

Louis-Philippe avait une famille à caser, et il pensa trouver dans la dépouille de la Hollande un royaume pour un de ses fils.

Il fut puissamment aidé, et les intérêts de la France furent indignement trahis par un homme dont on aura à constater, un jour qui est proche, l'action funeste dans les affaires de son pays. Nous parlons de Thiers qui fut l'instigateur courtisanes que de l'intervention armée qui amena la séparation de la Belgique et de la Hollande.

Pendant que l'Angleterre et la France se livraient à ces calculs intéressés, le clergé belge, instruit des dispositions de ces puissances par la camarilla du Gésu qui a un pied, un œil et une main dans tous les gouvernements, continuait ses ténébreuses machinations et organisait virtuellement la révolution dans les provinces wallonnes. Liège, Namur, Mons et Tournay devinrent des foyers d'action qui rayonnaient sur les campagnes environnantes par la propagande des curés et des moines qui y pullulaient.

Encouragées par la tolérance de Guillaume qui épuisait toutes les mesures de conciliation compatibles avec les intérêts du royaume, les provinces wallonnes, de plus en plus fanatisées et travaillées par des agitateurs qui n'espéraient que dans la révolution, envoyèrent une députation soi-disant nationale à La Haye, qui, avec une arrogance qu'elle puisait dans le clergé et le concours de la France et de l'Angleterre, posa aux États-Généraux son ultimatum : Retrait des ordonnances sur l'enseignement et administration distincte pour la Belgique et la Hollande, ou la séparation.

Souscrire à ces conditions qui reconstituaient l'absolutisme clérical en face du libéralisme réformiste, eût été de la part de Guillaume une véritable trahison : c'était abdiquer.

Le clergé belge le savait bien ; il savait aussi que son ultimatum c'était la rupture.

Les États-Généraux comprirent qu'une plus longue faiblesse était coupable ; ils décrétèrent immédiatement l'envoi en Belgique d'une force suffisante pour contenir le mouvement de la faction cléricale.

En apprenant que le gouvernement venait de prendre des mesures d'ordre public, les évêques, voyant qu'il n'y avait pas de temps à perdre, proclamèrent l'insurrection.

On vit alors un spectacle curieux et unique dans l'histoire des révolutions du xixe siècle.

Dans chaque commune wallonne, le clergé, le crucifix à la main, prêchait la croisade contre la Hollande protestante en entraînant vers les villes des troupes de paysans ahuris, dépenaillés, marchant, armés de vieux fusils à mèche, de pistolets rouillés délaissés par les alliés et les Français sur les champs de bataille de 1815, de faulx, de fourches, de piques, en entonnant des cantiques, tandis que les agitateurs urbains, avec l'appui de la populace, chassaient les faibles garnisons que la Hollande entretenait en Belgique.

L'insurrection avait son centre à Liège. Ses principaux chefs étaient : les deux frères Rogier, nés, l'un à Saint-Quentin et l'autre à Cambrai ; Chazal, fils d'un conventionnel, né à Tarbes et exerçant en Belgique la profession de marchand de drap ambulant ; De Potter, révolutionnaire mystique, connu par des publications religieuses ; et Frère, fils du portier de la Loge maçonnique de Liège, rentré récemment dans sa ville natale après avoir achevé son droit à Paris.

A ces cinq protégés des évêques se joignirent des Polonais se disant tous officiers, et dont quelques-uns arrivaient en effet de la Pologne dont la récente insurrection venait d'être noyée dans le sang par le général Paskevitch, et une foule de déclassés : Français et Italiens.

On se demande avec stupéfaction ce que ces Français, ces Polonais, ces aventuriers, avaient de commun avec la prétendue tyrannie que la Hollande était censée exercer sur la Belgique, et quelles qualités ils avaient pour se plaindre de ne pas exercer les hautes fonctions dans les Pays-Bas.

On ne s'explique pas davantage les prétentions
de cet avocat imberbe, frais émoulu de l'école,
arrivant en ligne droite du quartier latin, où il
était connu par ses fredaines gauloises et une
pièce de comédie que les directeurs des théâtres
parisiens lui avaient remballée.

Il y a certainement une réponse ; elle est dans
la conduite de ces prétendus amis de la liberté
qui courent tâter le pouls à la fortune chaque
fois qu'une révolution dans laquelle il y a à fri-
coter se déclare sur un point du globe, et qui
s'empressent de se faire naturaliser pour avoir
leur part à la curée. Firmin Rogier mourut dans
la peau d'un ambassadeur avec le grand cordon
de l'ordre de Léopold et de la Légion d'honneur
au cou. Charles Rogier, plusieurs fois ministre et
plus souvent encore gouverneur de province,
trouva moyen, en posant pour la probité politique, de se faire donner par souscription une
maison et des rentes pour ses vieux jours ;
Chazal, marchand de drap, s'improvisa intendant-général de l'armée ; de Potter, lui, était un
halluciné, un convaincu ; il fut écarté par ses
complices ; Frère, sectaire avide et autoritaire,
devint ministre perpétuel.

Il y en avait beaucoup d'autres, mais nous ne
voulons, en signalant ces quelques noms, que faire
ressortir la tolérance du gouvernement de Guillaume Ier, qui laissait ainsi la révolution cosmo-

polite s'implanter au sein des provinces les plus sujettes à caution. Cela répond victorieusement aux reproches qui lui ont été adressés et démasque l'action criminelle du clergé.

L'insurrection avait réussi au delà des espérances des meneurs. Bruxelles était soulevée.

Mais l'armée hollandaise avançait, et on savait à Londres et à Paris que les insurgés ne pourraient tenir ; alors la France et l'Angleterre s'interposèrent.

CHAPITRE III

La France jouée

En attendant le résultat des négociations ouvertes à Londres, l'armée hollandaise, forte de 5,000 hommes, sous le commandement du prince d'Orange, s'arrêta sur le Demer.

Malgré l'armistice, la révolution s'organisait et devenait gouvernement ; les meneurs s'érigèrent en Congrès national et se partagèrent le pouvoir.

Louis-Philippe, suivant les traditions de la maison dont il prétendait descendre, qui sont de pêcher en eaux troubles, faisait agir sous main ses agents auprès de l'épiscopat pour faire offrir par les Belges la couronne au duc de Nemours, mais l'Angleterre, qui couvait d'un œil jaloux les provinces insurgées, suivait attentivement les intrigues orléanistes ; elle agit auprès de la Russie, de l'Autriche et de la Prusse représentées à la conférence de Londres, et la décision du Congrès belge qui avait envoyé une députation à Paris offrir la couronne sollicitée fut infirmée.

Cette opposition des puissances à ses projets refroidit Louis-Philippe, mais l'Angleterre qui avait besoin de la France pour lui servir de gendarme, lui offrit de marier sa fille Louise avec le prince Léopold de Saxe-Cobourg, son candidat à elle.

A défaut d'un trône pour un de ses fils, Louis-Philippe ne voulut pas laisser perdre l'occasion qui s'offrait d'établir une de ses filles dont le placement lui était devenu difficile depuis que sa déloyauté envers Charles X, lui avait aliéné toutes les cours d'Europe. Il souscrivit à cet arrangement et la candidature du prince allemand, bâtardé d'anglais, fut chauffée.

Les délégués belges, envoyés à la conférence de Londres, circonvenus, pour ne pas nous servir d'une autre expression, par l'Angleterre, se prêtèrent à la comédie préparée ; les plénipotentiaires déclarèrent la Belgique séparée de la Hollande, et proclamèrent Léopold roi des Belges.

Le 4 juin 1831, le nouveau roi donna sa signature au traité des vingt-quatre articles qui neutralisait la Belgique sous la garantie des puissances signataires.

Ce traité, communiqué aux chancelleries européennes, ne contenait rien qui pût froisser les susceptibilités ombrageuses des cours dont les représentants avaient siégé à la conférence, mais pendant les négociations, la Prusse qui préparait déjà ses voies et moyens, et l'Angleterre qui escomptait l'avenir, obtinrent chacune de la Belgique *un traité secret qui faisait de la neutralité belge un piège pour la France et un mensonge pour l'Europe.*

Une clause secrète entre la Belgique et la Prusse donnait à celle-ci le droit d'occuper Namur et Liège toutes les fois que la sécurité de ces places fortes pourrait être menacée.

Une clause secrète semblable entre la Belgique et l'Angleterre, donna les mêmes droits à celle-ci sur Anvers.

Quand les décisions de la conférence de Londres furent connues à La Haye, Guillaume dénonça l'armistice et ordonna à l'armée du Demer de marcher sur Bruxelles.

Léopold, de son côté, n'avait pas perdu de temps ; il venait de débarquer en Belgique et de prendre le commandement de l'armée belge.

Les belligérants se rencontrèrent à Aerschot. Au premier choc de l'armée hollandaise, les volontaires belges se débandèrent et ne se rallièrent qu'à Louvain. Les Hollandais les y suivirent et les attaquèrent sous les murs de cette ville. Là, la déroute fut complète ; l'armée belge se fondit.

Le prince d'Orange n'avait plus qu'à entrer à Bruxelles ; l'insurrection était vaincue, l'œuvre de la conférence de Londres détruite, le gendre rêvé perdu pour Louis-Philippe.

Mais celui-ci, pour marier sa fille, repêcha le gendre au bout de cinquante mille baïonnettes françaises.

Le général Gérard se présenta à la frontière de la Belgique avec 50,000 hommes et mit le prince d'Orange entre les deux alternatives : se retirer ou la guerre avec la France. Les Hollandais étaient un contre dix ; résister eût été de la folie. Le fils de Guillaume battit en retraite derrière le Demer.

Léopold fut alors intronisé sous la protection des baïonnettes françaises.

Louis-Philippe qui craignait toujours un avatar pour sa fille, le pressa alors d'exécuter les clauses du marché qui avaient donné lieu à l'intervention armée de la France ; mais le rusé Allemand fit savoir à son futur beau-père qu'il n'était encore roi des Belges que de nom, que tant que ces damnés de Hollandais seraient là, il n'y avait rien de fait.

C'était juste, et Louis-Philippe fit assiéger Anvers par Gérard.

Léopold se résigna alors en rechignant à épouser la malheureuse Louise qui s'aperçut bientôt qu'elle était la victime d'un ignoble maquignonnage.

Après quelques mois d'un siège meurtrier, la poignée de Hollandais qui défendaient la citadelle d'Anvers sous les ordres du général Chassé sortait de la place avec les honneurs de la guerre.

Disons-le hardiment, la Belgique ne doit aucune gratitude à la France pour son intervention dans ses affaires, et nous en appelons de la France royaliste à la France républicaine.

L'union de la Belgique et de la Hollande en aurait fait un état florissant et riche; leur séparation fut une faute.

Les responsabilités se partagent, mais la plus lourde part incombe à Thiers qui trahit sa patrie pour satisfaire les vues égoïstes de Louis-Philippe.

Cette intervention fut une œuvre rétrograde, antifrançaise. En soutenant le clergé ultramontain belge, le seul auteur de la Révolution de 1830, la France a souffleté la civilisation dont elle a la garde du drapeau.

La France jouée, la Belgique devenue un marché anglais, le piège au Nord, voilà le résultat de la politique de Thiers, et on parlera peut-être de lui élever une statue.

———

DEUXIÈME PARTIE
La France et l'Allemagne au travers de la politique en Belgique.

CHAPITRE PREMIER
Ce que fut Léopold Ier.

Ce chapitre peut faire suite aux révélations de la *Pall Mall Gazette*.

Nous savons, par les auteurs classiques, que Léopold Ier, Georges-Frédéric Chrétien, deuxième fils d'Ernest II, duc de Saxe-Cobourg-Gotha et d'Altenbourg, est né à Cobourg le 16 décembre, 1790, qu'il fut général au service de la Russie, puis dans les rangs des Alliés contre la France. Mais pour nous, son histoire, partout scandaleuse, ne commence que du jour où il se fixa en Angleterre, où sa sœur avait épousé le duc de Kent, quatrième fils de Georges III.

Les alliances entre la maison le Hanovre et celle de Saxe-Cobourg-Gotha ne devaient pas en rester là. Léopold se fit naturaliser Anglais pour épouser, en 1816, Charlotte-Augusta, héritière présomptive de la couronne, ce qui lui donna les titres de premier prince royal et de duc de Kendal avec une pension de cinquante mille livres ster-

ling, et le prince Albert, son neveu, devint prince-
époux par son mariage avec Victoria, fille du duc
de Kent.

Aussitôt que Léopold qui, jusque-là, n'avait
connu que la misère des cadets des familles prin-
cières germaniques, se vit pourvu de bonnes
rentes, il adopta les mœurs de l'aristocratie
anglaise que la *Pall Mall Gazette* a révélées
récemment à l'Europe.

La corruption sadique de la noblesse anglaise,
qui gagna bientôt le clergé, la magistrature et la
bourgeoisie, ne date pas d'hier. Ce fut sous
Georges III qu'à l'instar du Régent Philippe
d'Orléans, le duc de Cumberland, frère du roi,
flétri par la cruauté qu'il apporta dans la répres-
sion de l'insurrection Charliste à Culloden, créa
cette jeunesse dorée londonienne dont la dépravation et les excès acquirent bientôt une scandaleuse notoriété.

Ce corrupteur élégant entraîna ses neveux
dans l'orgie sardanapalesque qui dura jusqu'au
premier coup de tocsin de la Révolution française. Le prince de Galles, depuis Georges IV,
eut son Parc-aux-Cerfs où furent traînées et livrées
aux appétits de ses amis et commensaux, Fox,
Burke, Sheridan, etc. etc., une foule de jeunes
filles arrachées à leur famille dans toutes les parties de la Grande-Bretagne. Sa maîtresse Fitz
Herbert, qu'il épousa ensuite secrètement, prési-

dait à ces orgies. Ses frères, le duc de Clarence, depuis Guillaume IV, et Frédéric duc d'York et d'Albany le suivirent dans sa vie bruyante de plaisirs; l'un avec sa maîtresse la célèbre actrice Jordans dont il eut six enfants, l'autre avec la fameuse miss Clarke, connue par le trafic honteux qu'elle fit des commissions d'officier avec la connivence de son amant.

Quand la Révolution française ébranla l'Europe, la jeunesse dorée d'antan qui devenait la corruption sénile, mit une sourdine à ses ébats. Le visage empreint du puritanisme, elle ne se démasqua que dans les hôtels aux murs matelassés où des procureuses amenaient les victimes destinées aux saturnales.

La corruption, d'odieuse devint ignoble; elle gagna toutes les classes de la société.

Ce fut dans cette atmosphère tout imprégnée de basse luxure que se vautra le lourd hobereau teuton.

La princesse Charlotte déçue, trompée, dégoûtée de l'homme, s'éteignit un an après brisée par le chagrin et la consomption.

Léopold put alors se livrer à ses passions.

Son avènement au trône de Belgique ne changea rien aux habitudes qu'il avait contractées sur les bords de la Tamise. Louise d'Orléans, sa seconde femme, ne fut pas longtemps à connaître l'homme à qui son père l'avait liée. Un ministre d'État qui lui dut sa fortune était son procureur. On se souvient encore à Lacken de ce maçon qui alla retirer à coups de trique ses deux filles entraînées dans l'antre du satyre par l'honorable procureur.

Quand il n'y avait pas de chair fraîche au lupanar royal, Cobourg, couché sur un divan, lisait les ouvrages pornographiques qui lui arrivaient chaque matin. Il fut un bon client pour les éditeurs de cette espèce de littérature, et les libraires de Bruxelles lui devaient bien leur souscription à sa statue.

Louise d'Orléans, dévotieusement triste, pudiquement sévère, aristocratiquement langoureuse, n'était pas la femme qu'il fallait au lansquenet allemand, mâtiné d'anglais. Théodore de Banville l'a dit pour lui :

> Ce qu'il me faut, à moi, ce sont les chairs flamandes
> Que dessinait Rubens, de son hardi pinceau,
> Quant à ces dona Sol aux tailles d'arbrisseau,
> Dont les cheveux pleureurs vont en rameau de saules,
> C'est trop triste pour moi ; mais de larges épaules,
> Des jambes d'amazone et des bras sans défaut
> Et des muscles de fer ; voilà ce qu'il me faut.

Il paraît qu'il avait trouvé tout cela dans la maîtresse qui succéda à l'escadron flottant, et par trop criard, des vierges d'occasion, et qu'il entretint au domicile conjugal.

Il y eut des scènes violentes au palais de Lacken. La reine blessée, outragée dans sa qua

lité d'épouse et de mère, alla s'installer à Ostende
où, comme la malheureuse princesse Charlotte,
elle ne tarda pas à succomber, minée par le chagrin et un cancer dont l'origine se soupçonne.

Léopold Ier aimait à répéter qu'il fallait à
l'homme quatre heures de plaisirs par jour pour
se bien porter. C'est probablement pour avoir
dépassé l'ordonnance qu'il mourut de la pierre;
une maladie qui ne se gagne pas précisément
dans la pratique de la chasteté.

Pour le public, il aurait voulu garder ce mas-
que de puritanisme qui cache si hypocritement
la dépravation anglaise, mais les bruits du château perçaient à travers ses murailles.

Des écrivains, serviles imitateurs de Voltaire
glorifiant Louis XIV, ont écrit que Léopold Ier
fut le Nestor des rois ; si cela est vrai, il en
aurait enseigné de drôles à ses confrères.

Ce chapitre était nécessaire à l'intelligence de
celui qui va suivre.

CHAPITRE II

Les partis en Belgique

Le doctrinarisme, dont le grand pontife est Frère-Orban, et le cléricalisme, qui reconnaît le pape pour son chef souverain, sont deux frères jumeaux de l'absolutisme ayant les mêmes ambitions, les mêmes appétits, caractérisés par les mêmes vues autoritaires, le même manque de sens politique, la même étroitesse d'esprit, se prétendant tous deux dépositaires de vérités éternelles. Leur alliance, au début de la révolution belge, s'explique donc; la Belgique, préparée par des siècles d'oppression à subir toutes les servitudes, était une proie commune.

Mais, quand il se fut agi du partage, les deux affamés se montrèrent les dents. Cependant, Léopold Ier, par un système de bascule qui a longtemps réussi aux rois soi-disants constitutionnels, parvint à balancer 1839 l'influence des deux associés en se servant adroitement du droit que la Constitution lui accordait de dissoudre les Chambres.

La menace de la dissolution est la férule du pion gouvernemental.

— Ah ! vous n'êtes pas sages comme des images... C'est bien ! je vais donner le gâteau à lécher à d'autres — et le gâteau, c'est la gourmandise des représentants du peuple, pour le lécher, il se laissent fesser.

En 1839, la Hollande, qui était restée sous les armes pour protester contre le traité que les puissances signataires continuaient à lui imposer, se soumit à son sort.

Débarrassée du nuage qui assombrissait son horizon, la Belgique se trouva bientôt tiraillée par deux influences : anglaise et française, qui se disputaient l'esprit de sa population.

On a toujours écrit et crié que, dans une monarchie constitutionnelle, le roi règne et ne gouverne pas.

Rien n'est plus jésuitique et plus capable de tromper l'esprit public.

Le roi constitutionnel gouverne en vertu du véto qui suspend l'action législative ; il gouverne en vertu de son droit de dissoudre les Chambres, il gouverne par l'influence qu'il exerce sur ses ministres qu'il a le droit de choisir et qui n'occupent leur position qu'à titre précaire ; il gouverne par tous les conduits des grâces et des faveurs. Le roi constitutionnel est le jésuite de l'absolutisme gouvernemental, il ruse, il ne se soumet

jamais. On l'a bien vu en France par Louis XVIII
Charles X et Louis-Philippe. Le roi constitutionnel est une équivoque dans une autre. Roi et
Constitution sont des mots qui se combattent.
Le roi constitutionnel est une conception du
doctrinarisme, le plus tortueux des systèmes
politiques. La Constitution doit être un pacte
dont les responsabilités restent entières entre la
nation et ses mandataires gouvernementaux;
toute influence supérieure à la volonté nationale
est un danger permanent.

Léopold Ier gouverna jusqu'à sa mort; c'est lui
qui dirigea constamment l'esprit public en Belgique; ses ministres ne furent que ses valets, les
Chambres ses instruments.

Il avait compris que la Belgique, sans homo-
généité nationale, avait besoin de s'appuyer sur
une grande puissance.

Son éducation allemande, son passé, ses anti-
pathies l'éloignaient de la France qu'il avait si
déloyalement jouée en 1831. Ses sympathies germaniques l'auraient rapproché de l'Allemagne,
mais la Prusse, bénéficiaire de la clause secrète
du traité de Londres, ne s'était pas encore révélée.
Il lui restait l'Angleterre, bénéficiaire d'une
même clause, et il fit produire un courant d'an-
glomanie qui donna à cette puissance une autorité incontestable sur les affaires belges.

La révolution de 1848 est loin d'avoir eu en

Belgique l'influence que la France lui attribua ; l'affaire de Risquons-Tout ne fut qu'une échauf-fourée de têtes brûlées cosmopolites. Il en fut de même de la manifestation qui se produisit à Bruxelles devant le palais du roi ; manifestation que Léopold Ier exploita pour se donner un regain de popularité, car il n'était pas encore gâteux à cette époque.

La proclamation de l'Empire fut autrement dangereuse pour la monarchie, la foule de proscrits que le coup d'Etat jeta en Belgique y produisit un réveil social caractéristique. Le mot progressif fut prononcé. Un parti nouveau se dessinait.

Les cléricaux, qui n'avaient témoigné jusque-là qu'une estime tout à fait relative pour la France, lui donnèrent immédiatement toutes leurs sympathies ; la force, le parjure ! cela était dans leurs cordes.

Les doctrinaires, voyant leurs adversaires se prononcer pour l'influence française, se déclarèrent contre ; c'est dans le jeu des partis.

Mais peu à peu les succès et la prospérité apparente de l'Empire confondirent tous les sentiments dans une même admiration, et puis, la légende du premier Empire avait conservé dans la population toute sa magie.

Sous l'influence des idées françaises, le parti progressiste prit de la consistance et faillit même

entraîner le parti doctrinaire dans son orbite.
Mais Frère-Orban, l'homme-borne à tout progrès, voyant sa position menacée, se jeta au travers de la fusion.

En présence de la scission que le pontife du doctrinarisme venait de provoquer au sein de l'Association libérale, le parti clérical — le parti des évêques comme on l'appelait — crut pouvoir tout oser.

Malou, le chef du cabinet catholique qui occupait le pouvoir, déposa à la Chambre un projet de loi qui rétablissait les biens de main-morte. Ce rappel d'un passé odieux provoqua une explosion de colère générale. Des troubles éclatèrent dans tous les grands centres ; le peuple brisa les vitres des jésuitières et des couvents ; on cria partout « A bas le roi ! »

Léopold vit que le peuple commençait à le percer ; il s'empressa de dissoudre le Parlement et de faire appel au collège électoral qui envoya siéger une majorité libérale animée du meilleur esprit, mais qui fut encore arrêtée dans ses bonnes intentions par les intrigues de Frère-Orban.

CHAPITRE III

La germanisation de la Belgique par la propagande. — Le mouvement flamand.

A la suite de la guerre d'Italie, la France avait pris en Europe une position prépondérante. On croyait à la durée de l'Empire; cependant il ne manquait pas d'esprits clairvoyants qui disaient qu'il venait de creuser sa tombe. Déjà la Prusse, préparée par un demi-siècle de travail militaire au rôle qu'elle méditait depuis Iéna, commençait, par une propagande timide, cette guerre haineuse contre la France dont 1870 n'est qu'un épisode.

Des bruits d'annexion de la Belgique projetée par la France coururent l'Europe; les journaux les exploitèrent dans l'intérêt de leur parti avec la mauvaise foi qui caractérise cette branche de l'industrie politique. Il est vrai que la presse française justifiait toutes les appréhensions par son allure provocante et sa croyance, feinte ou vraie, à l'étoile de Napoléon.

Mais ceux qui connaissaient les dessous du

journalisme, ses trucs, sa vénalité et l'exploitation quelquefois canaille qui en est l'objet, n'ajou-
tèrent aucune foi aux racontars; par contre, le
peuple, toujours fatalement ramené dans le
cercle des croyances creuses, s'enfiévra.

Le journalisme sait comment se créent les
courants d'opinions, et les bruits d'annexion
s'accréditèrent en Belgique.

La Prusse avait alors auprès de Léopold une
alliée dont le germanisme et le dévouement à sa
politique se sont révélés dans toutes les circons-
tances. On sait le rôle que jouent les femmes
dans la diplomatie teutonne à l'étranger.

Marie-Henriette d'Autriche, épouse de l'héritier présomptif de la couronne, dont les allures,
les sympathies, les mœurs, mais non la beauté,
rappellent Marie-Antoinette aussi d'Autriche,
exerçait une grande influence sur l'esprit de
Léopold Ier, qui commençait à baisser.

La princesse était jeune alors, très corpulente,
presque une beauté flamande ; elle fut très populaire au début. Le champ lui parut tout préparé
pour créer un parti prussien en Belgique, ce à
quoi elle employa tous les artifices féminins.

Le clergé, battu dans les dernières élections,
attribuait sa défaite à la propagation des idées
françaises ; sa haine s'épuisa alors à calomnier
la France, et il trouva dans Marie-Henriette
l'appui qu'il cherchait pour reconstituer sa for-

tune politique. Léopold, amené à considérer comme une injure personnelle la pression que l'opinion libérale venait d'exercer sur lui, donna ostensiblement au clergé des marques de prévenance; l'archevêque métropolitain Sterck devint le commensal du Palais.

La conjuration prussienne s'organisait.

Pour provoquer l'agitation nécessaire à l'élaboration du parti prussien, on résolut d'exciter l'élément flamand contre l'élément wallon. Henri Conscience, romancier clérical d'un talent tout à fait secondaire, mais dont les œuvres, vu la pénurie d'auteurs flamands, étaient très répandues dans les Flandres, fut chargé de cette partie du programme.

Ce famélique farceur trouva immédiatement dans son esprit en travail d'enfantement le thême de la lutte jésuitique qui allait creuser un gouffre entre les deux fractions du peuple belge. Le *ditsch* flamand est la sœur du deutsch allemand, donc : les Flamands et les Allemands sont frères.

C'était grotesque et antihistorique, car c'était précisément sur une partie des provinces wallonnes que l'Allemagne avait exercé son autorité à l'époque féodale, tandis que les Flandres, d'où étaient sortis les Francs qui avaient colonisé la Gaule, étaient restées les vassales de la France.

Mais quand la politique militante reptilienne

empoigne un homme d'esprit, il n'est pas bête à demi.

Les journaux cléricaux mis au service de cette cause antipatriotique engagèrent immédiatement une campagne ardente contre le libéralisme qui venait de se faire jour, en criant que les Flamands étaient sacrifiés aux Wallons.

La formule n'était pas nouvelle : c'était celle qui avait si bien réussi aux agitateurs contre la Hollande en 1830.

Des meetings furent organisés et l'exaspération entre les deux peuples devint si prononcée qu'ils ne s'interpellaient plus que par les élégantes sonorités : *Cochon de Wallon ! Cochon de Flamand !* la poudre des canons de l'église.

Henri Conscience, le manœuvre de cette besogne malpropre, fut décoré, nommé commissaire d'arrondissement — sous-préfet — et vendit le stock de ses bouquins, qui embarrassaient le magasin de son éditeur, au gouvernement qui en fournit les hôpitaux, les prisons, les casernes et les écoles.

Le ministère se composait alors des bénéficiaires de la révolution de 1830 : Frère-Orban, Rogier, Chazal, Tesch, Van den Poreboom, tous doctrinaires luttant contre le jeune libéralisme dont un des chefs nommé Bara, passé au doctrinarisme avec armes et bagages aussitôt qu'il eut mangé au ratelier ministériel, venait de s'introduire dans leurs rangs.

Ces ministres, courtisans de la royauté et prévoyant déjà la mort du roi condamné par ses médecins, crurent faire leur cour à leur future souveraine, l'Egérie du parti prussien, en se laissant mener par elle par le bout du nez ; ils firent décréter le flamand langue nationale concurremment avec le français, obligatoire dans l'enseignement officiel. Les actes publics furent depuis rédigés dans les deux langues.

La Belgique assista alors à un spectacle burlesque du plus haut comique ; les idiomes qui se parlaient dans les provinces flamandes variaient d'une province à l'autre et souvent d'un arrondissement à un autre. Au lieu d'adopter le hollandais qui était la langue mère de ces idiomes, ce qui était du plus vulgaire bon sens, le ministère nomma une commission de flamingants chargés de créer une langue flamande officielle ; c'était déjà assez bouffon, mais le comble, c'est que chacun des mots adoptés par cette commission de farceurs fut l'objet d'un décret royal. Voit-on, en France, le chef du pouvoir décréter que *mouquette*, *catapultueux phainoméride*, *gommeux*, *petit crevé*, *toc*, *tune*, *pieu*, *barbognoche*, seront de par la loi des expressions académiques !

La germanisation se continua par l'école.

CHAPITRE IV

La germanisation de la Belgique par le fait

Le parti prussien de la Cour n'avait plus qu'à se consolider; il le fit dans l'ombre, en exploitant habilement toutes les fautes des doctrinaires, tout en procédant avec la plus grande circonspection pour ne pas provoquer d'incident diplomatique de la part de la France, car l'Empire jouissait encore alors de son prestige.

La révélation de la puissance militaire de la Prusse en 1866, lui fit lever audacieusement la tête. Dès ce jour, il s'attacha à prussifier la Belgique par tous les moyens et surtout par l'armée.

Le mariage du comte de Flandre, frère du roi, que la mort du prince Baudouin rendit héritier de la couronne, avec la princesse Marie de Hohenzollern-Sigmaringen, cimenta l'alliance du parti de la Cour avec la Prusse.

Des événements qui n'étaient un mystère que pour la Cour des Tuileries, entretenue par ses agents dans une sérénité qui lui fut fatale, se préparaient en Europe.

Entre Bruxelles et Berlin, ce fut un échange de dépêches continuel.

L'heure de la lutte allait sonner. Sur un ordre de Berlin, le ministère doctrinaire fut renversé et remplacé par le ministère clérical du parti de la Cour qui allait préparer les voies à l'action de la Prusse en Belgique ; toutes les cours de l'Europe furent ainsi circonvenues par la diplomatie de Bismarck pour isoler la France.

Mais il fallait un prétexte pour rompre la paix ; et le piège de la candidature du prince de Hohenzollern à la couronne d'Espagne fut créé.

La guerre éclata ; elle surprit d'abord les esprits en Belgique, on craignait qu'elle n'amenât les belligérants sur le territoire, mais les désastres de la France, se produisant coup sur coup, firent courir un frisson de douloureuse pitié pour les vaincus. Dans les provinces wallonnes, il y eut pourtant une véritable explosion d'indignation contre l'Allemagne ; le parti de la Cour comprit qu'il ne pourrait jamais germaniser ce peuple par la conviction.

Dans les provinces flamandes, on tenait généralement pour l'Allemagne.

Ce qui a rapport à cette époque sera traité dans la troisième partie de cette étude.

La chute de la Commune qui suivit bientôt la conclusion de la paix, amena en Belgique une foule de proscrits français qui y propagèrent les doctrines socialistes.

Dans les provinces wallonnes, ne formant, depuis Verviers jusqu'à Tournay, qu'une longue ligne de centres industriels et d'agglomérations ouvrières déjà préparées par l'action de l'Internationale, ces doctrines se répandirent comme une traînée de poudre. Gand, qui était restée orangiste, entra franchement dans le mouvement. Léopold II y fut hué, la reine traitée d'*Autrichienne*. Les idées républicaines s'accusèrent dans une foule de meetings ; c'était la révolution pour la liberté qui grondait.

Le parti prussien de la Cour résolut alors de germaniser effectivement la Belgique. Peu à peu, petit à petit, arrivèrent de Hambourg, Cologne, Berlin, etc., dans toutes les provinces belges, de soi-disants employés venant offrir *gratuitement* leurs services sous prétexte d'apprendre le commerce et *la langue française*, et qui se trouvèrent placés du jour au lendemain par les soins des cléricaux dans les magasins, les usines, les banques, les ateliers, les maisons de commission et d'exportation du pays ; puis ce furent des ingénieurs, des dessinateurs, des médecins, des hôteliers, des cafetiers, des garçons de café, des marchands de *bons lornettes*, mais pas d'ouvriers ou peu : le prolétaire n'étant pas d'étoffe à faire un électeur sous le régime censitaire.

Quand l'invasion clandestine eut acquis son entier développement, la Cour fit voter par le parti des évêques une loi accordant la naturalisation belge aux étrangers ayant six mois de résidence en Belgique.

En huit jours, *quatre mille Allemands se firent naturaliser.*

Alors ces prétendus commis, venus en Belgique pour apprendre le commerce et la langue française, édifièrent à côté des maisons des bons Belges qui leur avaient livré la clef de leurs affaires, des maisons rivales soutenues par une puissance financière occulte.

En quelques mois de temps, le haut commerce, les banques, les fabriques, les hôtels des principales villes se trouvèrent dans des mains allemandes, et bientôt on compta autant de Muller et de Fritz en Belgique que de Dubois et de Vandenberg.

Pour bien faire sentir à la Belgique qu'elle devait se considérer désormais comme une annexe de l'Allemagne, Bismarck qui voulait créer un précédent, fit déclarer que c'était à titre de tolérance que les Allemands naturalisés à l'étranger se trouvaient provisoirement exemptés du service militaire en temps de paix.

Ces naturalisés belges restaient donc allemands, autant fallait-il dire que c'était la Belgique qui était devenue allemande.

Conséquemment, les Allemands naturalisés dans tous les pays ne sont que des Allemands déguisés.

Il y a longtemps que nous nous en doutions.

Mais que penser des États où ils ont trouvé le moyen de s'introduire dans le gouvernement, le journalisme militant et de se faire élire députés ? Que penser de ce concertium de banquiers allemands qui y tiennent le gouvernement en échec ?

La Belgique était germanisée ; le ministère qui avait accompli cet acte de haute trahison se laissa platoniquement enterrer pour laisser aux doctrinaires l'exécution de certaines parties du programme prussien qu'il ne pouvait faire décréter lui-même sans se découvrir ; la loi sur l'enseignement, qui ouvrait la porte de l'Université aux pédagogues d'outre-Rhin, et la loi sur l'abaissement du cens électoral et sur l'adjonction des capacités, qui leur ouvraient l'arène politique.

Le triste Frère-Orban donna tête baissée dans le panneau au lieu de faire décréter le suffrage universel réclamé par la population ouvrière belge.

Quand il eut accompli servilement sa tâche, il fut renversé avec ses complices par une coalition clérico-radicale, et le parti prussien constitua un ministère dévoué à ses intérêts qui élagua des lois décrétées par les doctrinaires ce qu'elles avaient de trop libéral.

Le tour était joué.

Depuis, le parti de la Cour n'a cessé de poursuivre son œuvre. C'est sous son inspiration que viennent d'être décrétées les fortifications de Liège et de Namur et qu'on projette le rachat des chemins de fer du réseau du Nord franco-belge, dont le mobile est de permettre à la Prusse d'utiliser contre la France la clause secrète du traité de Londres qui la concerne : c'est-à-dire d'occuper militairement la Belgique.

Le mirage que Bismarck a fait miroiter aux yeux de la Cour de Bruxelles et qui fait en effet partie du plan politique prussien, du démembrement de la France dressé depuis 1870, est la reconstitution d'une Belgique hypothétique des temps féodaux. Tout étrange que cela paraisse, rien ne doit surprendre ; l'empire d'Allemagne n'est-il pas lui-même une résurrection gothique ?

On sait que la Belgique actuelle, comprise dans les États du cercle de Bourgogne, formait avec la Hollande, la Flandre française, l'Artois, une partie de la Picardie, le Hainaut français et la Basse-Lorraine, les Pays-Bas espagnols ; c'est cet État que la politique prussienne a rêvé de reconstituer au profit de la Belgique en arrachant à la France les départements du Nord, de la Somme, de l'Aisne, de l'Aube, de la Haute-Marne et de la Meuthe-et-Moselle. Cet Etat ferait alors partie de l'empire germanique au même titre que la Bavière et le Wurtemberg.

Ce projet est parfaitement dans l'ordre des nécessités économiques et militaires de l'Allemagne ; les ports qui lui manquent, elle les trouverait le long du littoral du nouveau royaume.

Bismarck et les Hohenzollern ne font d'ailleurs qu'imiter Louis XIV qui, après s'être emparé de l'Alsace et de la Lorraine, créa les Chambres de réunion qui siégeaient à Brisach, pour rechercher et réunir à la France tous les domaines qui avaient jadis appartenu aux provinces cédées par les traités d'Aix-la-Chapelle, de Nimègue et de Westphalie.

Ce n'est pas la seule imitation qu'ils aient faite de ce roi ; qu'on étudie attentivement l'histoire de cet autocrate, non celle qu'a écrite Voltaire et les écrivains patentés de cette époque, mais les annales politiques et militaires de son règne, et on retrouvera point pour point la même similitude de procédés et de faits.

Il y a un augure consolant pour la France dans ce plagiat.

Que Bismarck, le Louvois des Hohenzollern médite les lignes suivantes et qu'il compare : « Louis XIV a vu la grandeur de l'établissement monarchique. Il a cru à la puissance du droit divin et à son infaillibilité ; il a longtemps réalisé la théorie du pouvoir absolu ; il a été le maître, du consentement muet de la nation entière, plus d'États-Généraux et les États provinciaux considérablement amoindris, le Parlement réduit au silence politique, la noblesse disciplinée à la Cour et dans les armées ; le clergé, lui-même, prêtant partout son concours au puissant monarque ; et toute cette puissance s'est abîmée dans une série de désastres qui précipitèrent cet orgueil du piédestal qu'il s'était créé par la force.

Le parti prussien de la Cour de Bruxelles croit agir dans l'intérêt de la Belgique ; mais cela ne ne la relève pas de ses trahisons envers la France.

TROISIÈME PARTIE

La Belgique militaire. L'avenir au travers des bastions, les fusils et les canons. Le piège au Nord.

CHAPITRE PREMIER

Le caporalisme

La loi organique militaire belge de 1839 était encore en vigueur en 1859. C'est de cette époque que nous parlons afin d'établir nos points de comparaison.

L'effectif nominal de l'armée permanente était alors de 100,000 hommes; nous disons nominal, car l'effectif réel n'atteignait pas 50,000 hommes, comme l'a prouvé depuis la situation d'effectif de l'état-major général dressé lors d'un essai de mobilisation générale.

Ce contingent était composé de dix classes de milice dont les cinq plus jeunes formaient l'armée active et les autres la réserve.

Il y avait encore le ban et l'arrière-ban comprenant tous les citoyens valides de 19 à 40 ans n'appartenant pas au contingent, mais cet élément n'avait qu'une valeur négative.

L'effectif normal sous les drapeaux variait entre 18,000 et 25,000 hommes. Pendant les opérations des travaux du camp retranché d'Anvers qui durèrent jusqu'en 1865, il fut un peu plus fort : 2,000 à 6,000 hommes, suivant les saisons, ayant été détachés des régiments pour former des compagnies d'ouvriers.

L'ordonnance était celle de 1815, qui n'était elle-même qu'une transformation des principes militaires surannés des deux siècles qui l'avait précédée : Monteculli, Napoléon, Bugeaud, pour les manœuves : Vauban, Haxo, Jomini, pour la fortification ; on ne voyait rien au delà, c'était dogmatique. Il en était à peu près de même pour toutes les armées d'Europe, excepté la Prusse, recueillie dans l'attente des événements, qui remaniait sa tactique et sa stratégie de fond en comble.

L'armement n'était pas meilleur ; les fusils à canon lisse avaient été transformés en fusils rayés. On parlait seulement des canons se chargeant par la culasse.

Le niveau intellectuel et moral de l'armée était déplorable ; les officiers généraux, pour la plupart, étaient des vieilles culottes de peau qui n'avaient rien appris ; les officiers supérieurs, des paperassiers grotesques. On voyait encore dans les régiments des capitaines qui ne savaient pas lire ; les autres ne possédaient qu'une instruction primaire : l'école de peloton et de bataillon était leur *Credo*, leur Coran. Parmi les lieutenants et les sous-lieutenants appartenant déjà à la jeune génération, on rencontrait un peu moins de médiocrités; mais, à part quelques tempéraments studieux, le niveau était loin d'avoir une valeur appréciable.

Les jeunes officiers sortant de l'École militaire arrivaient au régiment avec un bagage scientifique qu'ils s'empressaient d'oublier ; comme aptitude militaire, ils valaient moins que leurs camarades sortant de l'armée; ils lisaient Pigault-Lebrun, Paul de Kock et quelquefois Balzac, mais peu leur théorie.

Puis, il y avait l'ivrognerie, cette plaie des armées du Nord, qui exerçait ses ravages dans tous les rangs de la hiérarchie.

L'état-major, seul, comptait quelques jeunes officiers d'avenir et deux généraux de valeur.

Le gros de l'armée, recruté dans les classes infimes de la société, volontaires, miliciens, substituants et remplaçants, était d'une ignorance crasseuse; les trois quarts des soldats ne savaient ni lire, ni écrire.

Il régnait partout un népotisme qui décourageait les volontaires intelligents et instruits, sortant des collèges et des universités, qui voyaient avancer par la porte des faveurs souvent honteuses, de jeunes cancres dont le seul mérite était d'avoir des parents riches ou titrés, et mieux encore, des sœurs et des mères assez jolies pour tenter la vertu facile des colonels et des généraux. Les histoires les plus croustillantes couraient les casernes à ce sujet.

La vie de caserne était abrutissante au suprême degré. Les officiers n'approchaient les soldats qu'avec les expressions les plus grossières : *lourd paysan, sale bougre, cochon, vilain merle* ; leur système de moralisation était de f... au cachot, en prison et à la salle de police. Quand un malheureux était pris en grippe par ces traîneurs de sabre, il fallait qu'il se suicidât ou qu'il désertât, et on désertait ferme ; il y eut des années où la légion étrangère d'Afrique ne se composait que de déserteurs belges, et où l'émigration dans les départements du Nord se renforçait de plusieurs milliers de ces pauvres diables.

Tel chef, telle armée, et Chazal était ministre de la guerre.

Ce grotesque dangereux était un des types le mieux réussi du caporalisme : tripotier, intrigant, autoritaire, courtisan, hargneux, vindicatif et paperassier comme un clerc de notaire, il ne possédait qu'une vertu : l'aplomb, et qu'un talent : celui de s'approprier le travail des autres et de l'exploiter au profit de sa fortune. Comme militaire, ce transfuge de Tarbes était d'une nullité absolue, mais il possédait une faconde de camelot et ne souffrait la contradiction d'aucun de ses égaux ni de ses inférieurs. On connaît ses démêlés avec le général Brialmont père et avec le colonel du 6e de ligne, Chirac, un Français aussi, mais un brave soldat celui-là, qu'il poursuivait de ses haines.

Après s'être taillé un manteau dans l'étoffe de la Révolution, cet ex-marchand de drap ambulant, d'intendant-général de l'armée, devint colonel de cavalerie, en récompense probablement de ses aptitudes à enrégimenter des chevaux bleus, puis trois ans après, ayant *sans doute* approfondi toutes les arcanes de la science militaire, nommé général et ministre de la guerre perpétuel pendant le long séjour au pouvoir de ses copains liégeois du doctrinarisme.

Le commerce, c'était sa partie. Général et ministre, il resta commerçant; il fit subir quatre ou cinq transformations aux habits, aux pantalons, aux manteaux, aux capotes et à tout l'attirail militaire.

Il devint très riche et, retiré des affaires, il alla se reposer dans son château de Pau, dans l'adoration perpétuelle de sa ferblanterie honorifique comprenant une quarantaine d'articles.

C'est un brave qui a vu les feux des cuisines.

Belge! tu déposeras un mètre sur sa tombe.

CHAPITRE II

Le camp retranché d'Anvers

Nous avons dit sous l'empire de quelles préméditations fut décrétée la construction du camp retranché d'Anvers.

La Belgique officielle était alors anglophile, et en présence de la faiblesse apparente de la Prusse, de l'éloignement de la Russie et de l'Autriche, les co-puissances contractantes du traité de 1831, elle croyait l'Angleterre seule capable de la protéger contre les projets d'annexion qu'elle prêtait à la France.

Mais l'Angleterre, peu portée à jouer le rôle du général hollandais Chassé, en 1832, fit savoir à Léopold Ier qu'elle subordonnait son action militaire en Belgique à la construction de fortifications assez sérieuses pour abriter son armée.

Les plans des fortifications d'Anvers furent alors élaborés concurremment entre les états-majors belge et anglais.

Dans le principe, il y eut des tâtonnements dans leur exécution. Chaque jour surgissait une révélation nouvelle sur les armes à longue portée ; des parties achevées furent démolies pour faire place à d'autres constructions ; il y eut un coulage effrayant.

Les travaux de terrassement furent exécutés par le génie militaire qui y employa de deux à six mille hommes suivant les saisons. Ceux de maçonnerie furent soumissionnés par la Compagnie Pauwels qui s'y ruina.

Les fortifications d'Anvers forment deux systèmes qui se lient pour la défense commune de la place.

L'un comprend les forts détachés destinés à défendre les approches de l'Escaut devant Anvers ; l'autre, l'ensemble des travaux de l'enceinte destinés à la défense du côté de terre.

Le premier renferme, en partant de la frontière hollandaise : 1º un groupe de cinq forts avancés : Hhock, la Perle et Sainte-Marie sur la rive gauche, Lillo et Saint-Philippe sur la rive droite ; 2º la citadelle du sud à la Tête de Flandre, en face de la place, flanquée du fort Saint-Isabelle en aval de l'Escaut et Liefskenzoek en amont ; 3º des nouveaux forts de Zwyndrecht et de Cruybeke.

La deuxième se compose : 1º d'une enceinte

bastionnée présentant la forme d'un fer à cheval, percée de quatre portes monumentales, et d'un système d'écluses qui permettent d'inonder les terrains au nord ; 2° de la citadelle du nord dominant la place, reliée au camp de Braaschart par le fort avancé de Merxen ; 3° de huit forts périmétriques formant un angle obtus de 135° dont la pointe se trouve à Vieux-Dieu, entre les forts 4 et 5.

Les points fortifiés du premier système se trouvent dans une zone marécageuse exhalant des miasmes putrides engendrant continuellement des maladies zymotiques qui contaminent les agglomérations militaires ; ceux de l'enceinte, quoique plus favorablement situés, sont aussi livrés aux fièvres paludéennes.

Pour défendre Anvers, dans les conditions stratégiques de la rive gauche de l'Escaut, il faut une flotte embossée devant Anvers, et l'Angleterre pouvait seule prêter sa marine à la Belgique.

Dans les explications qui furent demandées au cabinet belge par la Cour des Tuileries, au sujet de ces fortifications, la Belgique, tout en assurant la France de ses bonnes dispositions à son égard, prétexta qu'elles étaient nécessaires pour défendre sa neutralité contre le premier envahisseur de son territoire, et que ce refuge assuré à son armée lui permettrait d'attendre les secours des autres puissances pour le refouler.

Ces réponses parurent satisfaisantes à Paris, preuve que Napoléon III n'avait pas l'intention de s'annexer la Belgique, comme on le lui a prêté.

Mais, si on avait réfléchi à l'état-major français qui a si peu prévu, on se serait bientôt aperçu du piège tendu à la France.

En effet, pour défendre efficacement tous les points fortifiés qui entourent Anvers, il faut, de l'aveu de l'état-major belge lui-même, 120,000 hommes.

Or, l'essai de mobilisation générale qui eut lieu quelque temps après, donna seulement 60,000 hommes ; ce déchet formidable s'explique par un ensemble de causes militaires et sociales dont nous parlerons plus loin.

L'état-major belge connaissait cette situation et Al. Brialmont l'avait signalée déjà dans une de ses brochures.

Dans ces conditions sanitaires, 60,000 hommes surmenés, bloqués dans le camp retranché et ses annexes, c'était 60,000 hommes de perdus. Dès les premiers mois, cette armée serait réduite à la moitié de son effectif.

On n'a pas oublié que, dans des conditions identiques, l'armée russe, sur un effectif de 800,000 hommes opérant en Crimée, en perdit 630,000, dont 30,000 seulement furent tués par les armes à feu sur les divers champs de bataille, tandis que les alliés ne perdirent que 155,000 hommes, dont 23,000 tués sur ces mêmes champs de bataille, sur un effectif de 510,000 hommes.

Cette effrayante mortalité fut due à l'action sinistre des palus, ces polders criméens.

L'état-major belge se trompait donc sciemment, lorsqu'en 1870 il assurait l'Europe que la Belgique était en état de défendre sa neutralité ; mais, à la façon de Loyola, il comptait sur le pacte secret de 1831, qui lui garantissait le secours de l'armée dont elle avait préparé les logements.

Quand nous aurons ajouté que les fortifications d'Anvers ne répondent pas aux nécessités actuelles de la stratégie, que la maçonnerie des forts est généralement mauvaise, que les travaux de terrassement ont été exécutés avec négligence et une ignorance déplorable de l'art des fortifications, on comprendra ce que peut l'armée belge tout entière réunie sur ce point.

CHAPITRE III

1866

Pendant que toutes les armées européennes continuaient à suivre les errements de l'école tactique de 1815, la Prusse transformait complètement son organisation militaire conformément à l'esprit de sa nouvelle théorie.

Le public ne se rend généralement pas compte des causes véritables de la suprématie imprévue qu'acquièrent tout-à-coup certaines armées et certains hommes de guerre; il juge le succès sur des apparences trompeuses, et il ne voit les choses qu'au travers les idées préconçues que lui suggère son éducation. De là, des appréciations fausses, absurdes, que viennent encore obscurcir des polémiques intéressées du journalisme politique. On voit alors se produire des récriminations, des accusations d'infamie, lancées avec une légèreté coupable contre des hommes qui ont fait tout ce qu'ils ont matériellement pu.

Si l'armée française se montra tout-à-coup invincible sous le commandement de Napoléon,

si ce grand homme de guerre, de simple lieute-
nant d'artillerie devint en quelques années le
brillant général que l'on connaît, si des sous-
officiers comme Junot, Marceau, Jourdan, Auge-
reau et tant d'autres purent s'improviser com-
mandants d'armée du jour au lendemain, ils le
durent moins à leur valeur militaire qu'à une
révolution dans la tactique qui était la loi des
armées européennes.

La substitution par Napoléon des masses
profondes au déploiement en longues lignes de
bataille donna immédiatement à l'armée française
une supériorité marquante sur ses adversaires
subordonnés à l'ordonnance ancienne. Chaque
masse française formait tête de bélier frappant
des murailles humaines sans consistance, les
rompant en laissant ses débris épars, sans force,
éperdus autour d'elle. L'imperfection des armes
à tir et l'emploi des armes blanches permettaient
alors ce système.

D'après toutes les lois physiques et mathéma-
tiques, Napoléon devait battre l'Europe coalisée,
mais le jour où celle-ci adopta à son tour l'ordonnance française, l'armée française devait et
fut écrasée d'après les mêmes lois.

C'est par une révolution pareille que la
Prusse préparait sa prépondérance militaire.

L'ordre de bataille adopté par Napoléon Iᵉʳ
était un progrès, mais non la perfection.

4.

Cet homme de guerre, par éducation et par tempérament, était imbu du principe hiérarchique qui subordonne tout à une action unique, étouffant toute initiative, supprimant toute responsabilité dans les inférieurs pour reporter tout le poids du commandement sur un chef qu'il écrase.

Dans ces conditions, quand la tête vient à manquer, une armée doit s'effondrer; on l'a bien vu en 1870.

Alors, généraux et capitaines, habitués à la servilité militaire, craignant de prendre une initiative qui engagerait leur responsabilité, frappés de vertige, piétinent sur place, flottant indécis, livrés à toutes les entreprises de l'ennemi, en proie à toutes les appréhensions. L'unité est rompue; la confiance a fui. Plus de cohésion; plus rien que des éléments épars, disloqués. Le soldat, à qui le chef sert de providence, se retrouve atôme dans une immensité de dangers. Il a cru à son chef comme l'illuminé croit à une divinité prévoyant à tous ses besoins, et en voyant son dieu disparaître, affolé il crie à la trahison, dépose ses armes dont il ne sait se servir qu'au commandement, se rend ou fuit.

En fait de traîtres, il n'y a bien souvent que l'institution elle-même.

L'état-major prussien avait jugé depuis longtemps ces vices de l'unité de commandement, et, rompant avec toutes les traditions, il réduisit cette unité à sa plus simple expression. L'unité de compagnie, qui fait un général d'un capitaine, devint le principe du commandement et l'école de compagnie rendit au simple soldat son individualité. Du général divisionnaire au dernier échelon de la gradation militaire, chacun eut un droit d'initiative conforme à sa responsabilité. Le vice fondamental de l'intendance militaire disparut avec la nouvelle organisation; elle n'eut plus à pourvoir à la subsistance de ces formidables rassemblements d'hommes et de chevaux sur un seul point, la préoccupation constante, absorbante, du commandant en chef, qui sait que l'outil pour bien manœuvrer doit être entretenu. Concentrées pour les opérations militaires, elles se rompent pour vivre, ondulant comme les anneaux d'un immense serpent, toujours soudées entre elles, mais obéissant chacune à leur propre initiative, et occupant ainsi des régions entières.

Dans les opérations tactiques, même division, mêmes attributs.

Une armée ainsi organisée ne fuit jamais, elle bat en retraite toujours menaçante : elle ne peut être vaincue sur son territoire.

Le chef peut manquer, un autre est prêt à le remplacer ; un anneau peut se briser, l'initiative individuelle le ressoudra.

Cette organisation, soigneusement tenue secrète, se révéla à l'Europe en 1866 dans la campagne de Bohême, mais, comme toujours, les états-majors cherchèrent dans des causes superficielles la raison de la supériorité de la Prusse, au lieu de la voir dans le fait organique, dans la décentralisation.

L'état-major belge fut un de ceux qui devinèrent les premiers cette organisation, grâce à la pénétration de son chef, le lieutenant-général Renard, puissamment secondé par Al. Brialmont, alors lieutenant-colonel d'état-major.

Pendant les grandes manœuvres de 1867, on put se rendre compte en Belgique de la supériorité de la tactique prussienne.

La première période, que dirigeait le général Hablay ayant pour chef d'état-major le colonel Monnoyer, deux officiers imbus de caporalisme, fut une succession de manœuvres de parade dont les thèmes invoquaient perpétuellement Napoléon et Bugeaud, et qui se terminaient invariablement par un défilé en tiroirs, accompagné des grotesques : *Rectifiez l'alignement* et des sempiternels : *Portez armes ! Reposez armes !* Un embêtement à remontoir.

Pendant la deuxième période, ce fut le général Renard, avec le lieutenant-colonel Brialmont comme chef d'état-major, qui commandait. Dès les premiers jours, on vit se dessiner les grandes marges de la tactique nouvelle. Quoique Brialmont n'eût pas encore trouvé le chemin de Damas qui en a fait un disciple et un admirateur de Molkte, ses thèmes de manœuvres présentaient une ampleur qui firent présager un remaniement complet de l'armée belge.

L'effet de cet essai encore timide médusa l'esprit des généraux de la vieille école ; ils se troublèrent, ânonèrent comme des recrues, tandis que l'armée sortait du marasme et qu'un éclair d'intelligence parcourait les cadres.

Le général Lebrun, accompagné de son aide de camp le capitaine Laveuve, assista à cette dernière période de manœuvres comme envoyé militaire français. Frappé de ce qu'il vit, il adressa un rapport à l'Empereur, dans lequel il faisait ressortir les brillantes qualités du général Renard qu'il avait appris à estimer dans les conversations particulières qu'il eut avec cet officier aussi distingué par le caractère que par ses talents militaires.

Napoléon III ayant témoigné au gouvernement belge le désir de voir le général Renard, celui-ci fut désigné, aussitôt après la levée du camp de Beverloo, pour assister aux manœuvres de l'armée française au camp de Châlons. Dans l'entrevue qui eut lieu entre le souverain français et le général belge, celui-ci mit toute son éloquence à ouvrir les yeux de son interlocuteur sur les dangers que présentait l'organisation actuelle de l'armée française dont il lui avait été donné d'étudier la faiblesse dans le cours de ses opérations militaires, et exposa dans tous les détails la supériorité évidente de l'organisation prussienne.

Napoléon avait-il confiance dans la valeur de son armée, ou la conscience de son impuissance à opérer les réformes qui s'imposaient ? Nous inclinons pour cette dernière hypothèse, car l'état-major français, encroûté de routine, était aussi peu malléable que les généraux belges, et la légende de l'omniscience des officiers d'Afrique avait encore alors tout son prestige.

Quoi qu'il en soit, il eut un sourire amer aux lèvres et il se sépara de celui qui venait de soulever devant lui un des voiles de l'avenir en le gratifiant de la croix d'officier de la Légion d'honneur.

Aussitôt retourné en Belgique, le général Renard s'occupa de la réorganisation des corps spéciaux.

La tactique prussienne, s'appuyant sur une stratégie nouvelle, avait déplacé les utilités organiques de l'armée ; la science primait la matière, l'avenir était aux ingénieurs.

L'état-major, le génie et l'artillerie reçurent une organisation conforme à leur destination.

Cette réforme se fit sans secousse ; l'élément acquis, se trouvant, par une sorte de fraternité scientifique, tout disposé à faire bon accueil à l'élément civil dont on le renforçait.

Mais quand il fallut toucher au caporalisme, le réorganisateur se heurta à tant d'influences qu'il se vit forcé d'ajourner son projet. Il fallut 1870 pour que le gouvernemeut se décidât à envoyer planter des choux, un tas d'officiers four-bus, incapables, bouffis d'orgueil, pleins de l'importance de leur grade.

CHAPITRE IV

1870

Avant d'aborder les événements qui se dérou-
lèrent pendant cette période néfaste pour la
France, nous devons établir la part de responsabilité qui incombe à chacun dans l'épilogue de
ce drame. Cette constatation est la leçon de
l'avenir.

Que la Prusse voulût la guerre, c'est indiscu-
table, elle y était préparée, elle était nécessaire
à ses projets, à son développement, et elle était
assurée du succès.

Mais cela justifie-t-il l'aveuglement de la
France, son imprévoyance, ses clameurs ? Lui
était-il permis de tomber dans le piège grossier
que la diplomatie prussienne lui tendait au delà
des Pyrénées.

Rappelons les faits, non comme la politique
sectaire les a dénaturés, mais avec toute l'indépendance qui s'impose à l'historien qui se res-
pecte.

Le fait matériel de la déclaration de la guerre par la France ne peut être discuté.

Quand nous disons la France, nous entendons la majorité du peuple français qui venait de donner un vote de confiance à l'Empereur, qu'elle amnistiait ainsi de son usurpation ; la majorité de la Chambre des députés, à qui la Constitution de 1869 venait de remettre la garde de l'honneur de la patrie ; la majorité de la presse qui prétend représenter, sous les régimes, l'opinion publique.

C'est cette majorité qui a poussé à la déclaration de guerre par ses votes et les articles chauvins qu'elle a fulminés.

On a crié bien fort à la corruption, mais qu'on nous dise s'il a jamais existé un gouvernement qui ne fût pas corrupteur ? Et la majorité, si corrompue qu'elle soit, ne synthèse-t-elle pas le pays ?

Ce fait fut habilement exploité par le parti prussien de la Cour qui s'ingénia à attirer toutes les sympathies à l'Allemagne.

L'armée belge fut mise sur pied de guerre et dirigée sur la frontière française, tandis que pas un homme ne resta sur la ligne de la Meuse pour s'opposer à une invasion de la Prusse, décidée à se jeter sur la Belgique si le sort des armes lui était défavorable.

On vit alors fonctionner dans toute sa beauté

le système du caporalisme dont Chazal avait le mouvement : les corps pataugeant pendant des trois jours autour d'un village pour trouver leur route ; l'intendance laissant pendant cinq jours sans vivres les troupes évoluant en paix dans un pays sillonné de voies ferrées, de routes, de canaux que rien n'obstruait et dont la topographie aurait dû être familière au moindre sous-officier.

Ce fut aussi l'histoire de l'armée française.

Certes, Napoléon fut coupable, car les avis ne lui ont pas manqué ; le général Renard, le général Lebrun et plus énergiquement encore le commandant Stoefel, chargé militaire français à Berlin, lui avaient révélé les dangers de la situation. Mais comment caractériser l'état-major français qui n'avait rien compris au mouvement qui se faisait autour de lui ; ces chargés d'affaires aux cours de Berlin, de Munich, de Dresde de Stuttgard, de Carlsruhe, etc., qui ne virent rien et laissèrent s'égarer l'opinion publique en France?

L'armée française fut vaincue ; elle devait l'être, c'était d'une logique écrasante.

Mais l'opinion publique en Belgique ne s'égara pas ; les soldats échelonnés sur la frontière désertèrent en masse et se mirent bravement comme francs-tireurs ou incorporés dans les corps français à faire le coup de feu contre les Allemands.

Ces déserteurs qui allaient au feu au lieu de le fuir appartenaient presque tous à l'élément wallon.

Dans les villes et les communes wallonnes, les prisonniers français furent reçus comme des frères malheureux, tandis que ceux qui eurent à subir l'internement dans les forts d'Anvers furent traités comme en pleine Allemagne. L'autorité militaire donna même l'ordre aux sentinelles de tirer sur ceux qui tenteraient de s'échapper, et des brutes qui ne comprenaient pas la marge que laissent de pareils ordres à leur conscience, exécutèrent servilement la consigne.

Sedan, et Metz dans un autre ordre d'idées, prouvèrent ce que nous avons écrit sur le vice de l'unité de commandement.

Ironie du sort ! Chazal, le français naturalisé belge, grand officier de la Légion d'honneur, fut chargé par Léopold II d'être le gendarme de Napoléon prisonnier de la Prusse, pendant le parcours de Givet à Herbestal. Ce général de la paperasserie administrative s'est, sans nul doute, fait remettre un reçu de l'administration prussienne. S'il eût possédé un atôme de sens moral, il aurait décliné l'honneur ironique que lui fit le cobourgeois Léopold II en le chargeant, lui français, de cette mission déjà pénible pour tout autre.

La guerre se poursuivit. Dans les conditions

où elle fut traînée, elle ne pouvait aboutir qu'à un désastre plus grand encore.

Nous ne pouvons mieux faire ici que de rappeler l'opinion d'un général russe dont les sentiments d'amitié pour la France nous sont connus.

« Après Sedan, le plus vulgaire bon sens commandait de négocier la paix, mais ce ne fut pas le raison qui l'emporta parmi les hommes qui venaient de s'emparer révolutionnairement du pouvoir, ce fut la passion, et la passion est mauvaise conseillère dans les affaires de guerre. La mise en scène de patriotisme que Gambetta étala à ce moment ne fut que la folie d'un homme qui, n'ayant rien à perdre, pouvait tout risquer, car Gambetta, sans études spéciales, sans aptitudes militaires, sans connaissance de l'art de la guerre, ne s'inspirant que de la phraséologie creuse des rhéteurs classiques, empêcha, en encombrant le pouvoir de sa personnalité bourdonnante, de se produire l'homme utile que le Destin fait parfois surgir dans les grandes crises nationales. La guerre misérablement continuée ne fut qu'une plaidoirie d'avocat débutant par une exorde jupiteronnante, se traînant misérablement dans des incidents d'audience et se terminant pleutreusement par un appel à la clémence du tribunal. Ce fut encore de la folie, parce que la France n'étant pas organisée pour une défense efficace, ne pouvait que s'épuiser dans une lutte mal engagée et encore plus mal dirigée, et rendre plus dures les conditions du vainqueur. Se battre pour l'honneur est un mot d'avocat; dans la situation respective de la France et de l'Allemagne, il n'y avait pas plus d'honneur à vaincre qu'à être vaincu.

« Si Gambetta avait été vrai, il aurait puisé dans le désespoir de la France une de ces résolutions qui ne permettent pas de revenir en arrière· Quand on a fulminé la guerre à outrance, on meurt quand on n'a pas su vaincre : Le plan était alors tout tracé : Etant résolu de ne traiter avec l'envahisseur tant qu'un de ses soldats aurait eu le pied sur le territoire national, former une armée d'appui avec les tronçons épars de l'armée disloquée, décréter non la levée mais le soulèvement en masse, car dans les conditions de la tactique et de la stratégie modernes, ce n'est pas le nombre, mais la résistance qui fait la force d'une armée, et enrégimenter des masses sans instruction militaire préalable est plus dangereux qu'utile, tandis qu'elles peuvent toujours trouver à déployer leurs brillantes qualités innées, formées en compagnies franches fusillant et harcelant l'ennemi, appuyées par une armée de réserve s'appuyant elle-même sur ses dernières lignes de défense naturelle de l'Ouest et du Nord. Mais dès le début, il aurait fallu cesser de considérer Paris comme le centre d'action, le cœur de la France. Cette grande ville devait être laissée à elle-même et à sa garnison chargée de la défense des forts, après avoir abattu les murs de son enceinte de manière de permettre à sa vaillante population, opérant comme les compagnies franches de l'intérieur, d'exécuter par toutes les issues des trouées continuelles dans les lignes d'investissement qui, avant de se former, auraient subi des pertes démoralisantes pour l'armée allemande. Avec ce système, il aurait fallu un million d'hommes à l'Allemagne pour cerner Paris, et elle y aurait renoncé, car les villes de cette importance sont de véritables citadelles dont les approches sont d'un danger extrême pour l'assiégeant et qu'on ne peut réduire que par la famine.

« L'armée allemande se serait alors fondue comme l'armée française en Russie en 1812.

« La négociation de la paix fut le triste épilogue de l'avocasserie militaire de Gambetta, et naturellement ce furent des avocats qu'on envoya à Bismarck, et rien ne fut plus pitoyable. A ce moment le tribun avait habilement abandonné la partie, pour lui, la cause était entendue. »

CHAPITRE V

Pour le roi de Prusse

L'effrondrement de la puissance militaire de la France réalisa toutes les prévisions du général Renard. La Belgique s'empressa de mettre à la retraite tous les caporaux du panache et de l'épaulette qui s'étaient signalés par leur incapacité, et on décréta la réorganisatiòn générale de l'armée.

C'était sage et logique.

Mais le parti de la Cour, en se montrant favorable à un progrès reconnu nécessaire, y était moins porté par patriotisme que par son idée préconçue de germaniser la Belgique. Il s'attacha avec une véritable ostentation à faire disparaître de l'armée tout ce qui pouvait rappeler le souvenir de la France ; on affubla le soldat du grotesque bonnet sans visière allemand, il dut saluer et baisser l'échine comme les allemands, marcher comme les allemands, être martyrisé comme le soldat allemand.

En effet, pour briser l'esprit français qui éclatait partout : en chansons, en épigrammes, en sarcasmes, parmi les soldats appartenant à l'élément gaulois, on construisit à Vilvorde un bagne militaire où les récalcitrants furent traités en forçats. Le tiers de l'armée belge y a passé.

Le soldat ne se trompa pas en attribuant à Marie-Henriette l'idée première de la discipline teutonne qu'on lui imposait malgré la différence de tempérament, et il ne l'appela plus que l'*Autrichienne.* De son côté, Léopold II, dont la nature passive s'accommodait si bourgeoisement du rôle de femme à poigne que jouait la reine, fut baptisé : *Le roi de carton.*

C'est par des épigrammes et des chansons que la Révolution française a commencé ; c'est par ses sympathies ostensiblement affichées pour l'étranger que Marie-Antoinette s'est aliéné le peuple français ; c'est par le drame que cela s'est terminé.

Qu'on y réfléchisse à la Cour de Bruxelles ; elle a semé des haines et des colères qui ne s'éteignent pas.

Après cette réorganisation pour le roi de Prusse, le ministère crut que la bourgeoisie de la Chambre, préalablement travaillée, lui accorderait le service militaire obligatoire considéré depuis longtemps comme seul capable d'assurer l'assiette de la défense nationale, mais si les bons bourgeois de la députation voulaient bien

envoyer les pauvres diables courber l'échine sous
la férule militaire, ils s'y refusèrent énergiquement pour leur compte, toutefois ils accordèrent
au cabinet une augmentation dérisoire de
20,000 hommes, ce qui leur permettait de continuer à s'exonérer du service, au moyen du rem-
placement par l'entreprise du département de la
guerre devenu marchand d'hommes.

Le contingent actuel de 120,000 hommes est
encore plus trompeur que celui de 100,000, parce
que les causes qui ont produit le déchet cons-
taté par l'état-major sont devenues plus
grandes.

Depuis que le parti prussien de la Cour
réclame le service militaire obligatoire, il s'est
établi un courant populaire qui veut l'abolition
du militarisme, et la bourgeoisie est loin de lui
être contraire. C'est dans les provinces wallonnes de la Belgique et à Gand, ville essentiel-
lement hostile aux Saxe-Cobourg, que le mouvement s'est déclaré; pour ne pas être soldat,
prussien comme il dit, l'ouvrier émigre et devient
réfractaire.

Il faut ajouter à ce déchet la désertion devenue plus intense depuis la germanisation de la
Belgique.

Enfin, l'ouvrier belge, chassé de sa patrie par
l'élément prussien, affamé par le capital stupide-
ment aveugle, va au loin avec sa famille cher-

cher un endroit où, avec son travail, il puisse manger du pain.

Cette émigration, ces désertions ont quelque chose d'effrayant; actuellement les grands courants, après avoir traversé la France où ils ont laissé près d'un demi-million d'hommes, se jettent sur les deux Amériques qui en comptent déjà un million.

Que la France ne soit pas hostile à ces malheureux; ce sont pour elle des amis dévoués, des apôtres. Des milliers d'entr'eux ont versé leur sang pour elle sur tous ses champs de bataille, et ils ont, je crois, mieux mérité le droit de cité que les Allemands à qui 175 francs, trouvés peut-être dans la caisse d'un syndicat de Berlin, permettent, sans lui avoir jamais rendu aucun service, de s'introduire jusque dans son gouvernement.

Ce ne sont pas ces martyrs de la foi gauloise qui livrent les secrets de la France à l'Allemagne; ce ne sont pas eux qui corrompent le patriotisme français; ce ne sont pas eux qui s'enrichissent dans des tripotages de Bourse et de politique. Peut-être que, pour 175 francs, ils auraient acquis tous ces droits, mais ces Belges sont des gaulois de la vieille race, durs au travail qui rend les mains calleuses, non des barbotteurs en eau trouble et encore moins des espions qui ont le pied dans les ministères.

L'étiquette belge, nous le savons, sert de

pavillon à une foule d'Allemands déguisés, banquiers et autres. Qu'on ne se méprenne pas !... Le vautour chaperonné ne sera jamais un coq.

D'après les statistiques les plus récentes, ce mouvement emporte la moitié du contingent militaire.

A l'exposition de la guerre qui s'annonce, l'état-major belge trouvera 60,000 hommes, mais non 60,000 soldats. Le surmenage de l'ouvrier astreint aux travaux des mines et des industries dangereuses, la misère et les vices qu'elle produit, ont créé une génération affectée de prodrômes morbides caractéristiques ; la présence de ces hommes sous les drapeaux encombrera bientôt les hôpitaux et propagera les épidémies qui démoraliseront le facteur utilisable de l'armée.

A cette cause d'appauvrissement viendra sûrement s'ajouter la désertion en masse comme cela s'est produit en 1870. La Belgique peut être occupée par l'Allemagne, mais jamais le wallon ne se rendra complice du parti prussien de la Cour.

Il restera tout au plus 40,000 hommes pour occuper :

1° Les points stratégiques de la place d'Anvers qui en exigent. 120.000

2° Les points stratégiques des deux Nêthes. 12.000

A reporter : 132.000

Report. 132.000

3° Les places fortes de Liège et de
   Namur. 80.000
4° La place de Gand. 6.000

Total des forces nécessaires, 218.000
40,000 hommes, où il en faudrait 218,000 avec une réserve de 50,000, total, 268,000, hommes !

L'état-major belge compte peut-être sur le ban et l'arrière-ban de la garde civique, mais ignore-t-il que cet élément compte à peine 12,000 instruits; ceux qui, patentés, ont les moyens de se payer un costume, et que pour le reste, non organisé, il n'a ni armes potables, ni vêtements.

Cette constatation découvre entièrement la politique du parti prussien en Belgique et démontre l'existence de la clause secrète du traité de 1831 au profit de la Prusse.

Le piège que la prétendue neutralité belge tend à la France est partout visible.

C'est pour l'Allemagne que la ligne des deux Nêthes a été fortifiée, c'est pour elle que Namur, Liège deviennent de véritables camps retranchés et que l'Etat tend à s'emparer des chemins de fer stratégiques du réseau du Nord franco-belge.

Le piège est d'attirer l'armée française dans les plaines de la Belgique, de l'écraser par une concentration de toutes les forces alliées appuyées

sur la ligne dominante des fortifications qui
courent d'Anvers à Namur, et de la refouler sur
sa frontière du Nord, qui laisse ouverte la route
de Paris ; tandis que, par une forte diversion à
l'Est, l'Allemagne attirera vers ce point les forces
françaises disponibles.

Pour l'Allemagne, l'armée belge est une quantité négative ; qu'elle soit de 40 ou de 260 mille
hommes, elle n'est pour elle qu'un prétexte.

On travaille en Belgique pour le roi de Prusse,
et le général Brialmont devra bien s'en apercevoir, car c'est lui qui est le chef autorisé de
l'armée belge.

Nous ne doutons pas du patriotisme du lieutenant-général d'état-major Brialmont, mais c'est
un patriotisme de Cour. A la suite de la publication: *La vérité sur l'armée belge*, qui cinglait si
vertement le caporalisme dont le chef d'école était
Chazal, contre qui il avait conservé une dent de
lait, il fut mis en non-activité. Cette disgrâce fut
vivement commentée en Belgique, car Brialmont
vaut un escadron de Chazal. On crut à une
manœuvre de la Cour pour rallier au parti prussien le castrametateur qui avait montré jusque-là
une indépendance de caractère qui est la marque
des hommes de valeur. Quoi qu'il en soit, il fut
enjolé par le parti de la Cour ; le roi de Roumanie,
Charles de Hohenzollern, frère de la reine présomptive des Belges, le manda à Bucharest où,

pour lui rendre agréable ses vacances de la non-activité, il le chargea des fortifications roumaines. Il devint par la suite *personna grata* à la Cour de Berlin où il se montra enthousiaste admirateur de Molkte. A sa rentrée dans l'armée belge, le parti prussien lui fit une réclame qui a beaucoup aidé à sa réputation.

Ce qui est vrai dans ce qui a été dit de ce général, c'est qu'il est savant de mérite et militaire de beaucoup de talent, d'une pénétration excessivement subtile, mais non un créateur.

C'est lui qui sera certainement appelé à commander l'armée belge dans les éventualités prévues.

ÉPILOGUE

L'avenir est entre les mains de Dieu, disaient autrefois les fatalistes des dogmes. Aujourd'hui que l'esprit philosophique en a appelé de la religion à la science, on est convaincu que son sort se trouve entre les mains de ceux à qui les peuples ont confié leurs destinées. Malheur à eux! si par incapacité ou par trahison, ils ne répondent pas à ce que l'humanité et le devoir attendent d'eux. L'ère des faiblesses populaires et des amnisties coupables est passée. Rien désormais ne pourra attendrir la vindicte publique dans son œuvre de justice et de salubrité politique ; on l'entend à ses rugissements patriotiques. Et l'histoire dressera le même gibet pour l'incapable et le traître ; pour l'ambitieux et le vendu. Que ceux qui n'ont jusqu'ici considéré le pouvoir que comme une mine d'exploitation cynique, rentrent dans les rangs s'ils ne veulent pas se trouver un jour attachés au pilori d'infamie qui réclame tous les Judas de toutes les nations. L'heure n'est plus à la parade ; elle est au recueillement de la veillée d'armes, car demain peut surgir d'un coin de l'Europe l'*alea jacta est* des peuples et des rois.

L'avenir n'est pas un problème insoluble; il procède du connu à l'inconnu. Dès à présent, on peut le déchiffrer par toutes les données que nous fournit l'état respectif des deux puissances dont l'hostilité permanente ne peut aboutir qu'à un conflit sanglant.

Nous résumons les informations concluantes que nous avons recueillies dans toute l'Europe en nous faisant l'écho d'un appréciateur russe dont les talents comme diplomate et comme militaire ont toute la valeur d'une autorité.

L'ALLEMAGNE

En France, où on enfle tout parce qu'on ne voit qu'à travers le prisme du journalisme qui grossit tout, on compare l'Allemagne à un colosse. Rien n'est moins justifié ; on devrait, pour être clair, la comparer à une tortue monstrueuse qui s'écrase sous sa vaste carapace et qui ne peut se tenir en équilibre qu'en s'appuyant autour d'elle sur tout ce qui peut l'empêcher de culbuter, d'où ses alliances avec l'Autriche, l'Italie et la Belgique, qui n'ont pour objet que l'instinct de sa conservation.

Le sentiment de son impuissance qui la force à s'immobiliser dans un mouvement désastreux d'apprêts de guerre, est pour l'Allemagne un perpétuel sujet d'angoisses, car, comme toutes les nations qui font de la guerre une spéculation, elle ne peut penser sans d'affreux serrements de cœur que tous les sacrifices qu'elle s'est imposés pour arriver à arracher deux provinces à la France, qu'elle traîne aux pieds comme des boulets de galérien, et les cinq milliards qui lui ont servi à masquer sa pauvreté intérieure, peuvent avoir été inutiles. La France revendicatrice est pour elle un cauchemar qui lui donne par moment des accès d'épilepsie. Ah ! si elle avait pu en 1875 se ruer sur son ennemi, encore écrasé sous le poids de ses récentes défaites, avec quelle joie furieuse elle l'aurait réduite à sa plus simple expression pour écarter loin d'elle le calice d'amertume. Mais aujourd'hui, devant une France militairement forte, elle doit avouer, par ses multiples alliances, qu'elle se trouve dans un état d'infériorité trop marquant pour oser risquer une nouvelle invasion. Elle juge maintenant son unité pour ce qu'elle vaut, pour une œuvre ébauchée qui ne se consolidera que par des siècles de divisions intestines et par une révolution finale ; elle sait que la supériorité militaire que la Prusse lui avait donnée a disparu par l'adoption de son système par toutes les nations européennes; elle comprend que le ton agressif et insolent auquel sa diplomatie avait habitué l'Europe dans ces dernières années n'est plus de saison, et elle a repris son travail souterrain échafaudé sur des combinaisons arti-ficielles. Elle ressemble au joueur qui, favorisé au delà de ses espérances par la fortune dans une première manche, a recours aux arguments de la carte biseautée pour enlever l'enjeu.

Mais, malgré sa prudence cauteleuse, les évé-nements la pressent, son système économique qui ne repose que sur sa puissance militaire, va chaque jour en s'effondrant à mesure que dispa-raît son prestige d'omnipotence, et le jour où elle se trouvera acculée au déficit qui fait présa-ger la catastrophe finale, ce que la dénonciation du traité de Francfort par la France amènera indubitablement, elle se jettera en désespérée les armes à la main au devant de celle qui tiendra alors en son pouvoir le sort de sa prospérité com-merciale, en poussant le cri du barbare, *alea jacta est.*

Cet avenir troublant a fait vaciller l'intelligence de sa diplomatie; dans les alliances qu'elle a liées à tort et à travers, elle n'a pas compris que l'Autriche hypnotisée par les Balkans était forcée par sa situation géographique à ne lui prêter que le secours de son inertie, et que son alliance avec l'Italie n'était rien moins qu'effec-

tive ; car dans les États travaillés par la révolution, les peuples défont en un jour l'œuvre des
rois.

C'est cette fausse situation pressentie par le
parti militaire qui ne se paie pas de paroles, qui
lui a fait jeter les yeux sur la Belgique dont
l'occupation des points stratégiques fortifiés lui
donnerait une véritable supériorité sur la France.

Ce qui jusqu'aujourd'hui a maintenu la cohésion de toutes les forces de l'Allemagne, c'est
son unité d'action ; c'est elle qui permet à Bismarck, cet histrion de la force qui prend encore
son rôle au sérieux alors que sa diplomatie s'ef-
fondre dans des trucs de coulisse, à soutenir sa
célébrité, et au feld-maréchal de Molkte, dont la
tête touche la tombe, de rester l'âme de toutes
les forces allemandes. Et cette âme vibre de
toute la puissance de son propulseur.

On a dit que le jeune empereur d'Allemagne
était l'élève de Bismarck ; il suffit de juger de
Molkte, puritain du militarisme, pénétré de cet
esprit d'illuminé qui caractérise le fanatisme
militaire tudesque, pour s'apercevoir qu'on se
trompe. Guillaume n'a rien de la diplomatie tor-
tueuse de Bismarck ; c'est un soldat qui ne croit
qu'à la force, ayant tous les préjugés d'une éducation gothique ; les hommes de cette trempe ne
sont pas faits pour arrêter l'Allemagne dans ses
projets contre la France.

LA FRANCE

La vérité est douloureuse à dire à un peuple pour qui on se sent des sympathies profondes, dont a vécu de la vie et épousé les espérances, et cependant elle s'impose à ma conscience ; les vrais Français me comprendront.

Si la France possédait un gouvernement d'hommes d'État sérieux, assez patriotiques pour faire le calme dans les esprits, pour réparer les lourdes fautes commises quotidiennement par la politique de faction qui s'est substituée à l'action gouvernementale, pour unifier toutes les ressources puissantes dont elle dispose dans l'intérêt national, elle pourrait envisager l'avenir sans crainte.

L'Allemagne n'est que trop convaincue de cette vérité, et c'est en jetant au sein de la France des ferments de discorde, de haine et d'agitation qu'elle base son espoir de futurs succès.

La réorganisation militaire de la France se poursuivant en dehors de la politique, dans le calme de l'étude utile qui préside à l'action avec l'autorité de la science acquise, troublait nuit et jour l'état-major prussien, qui, pris d'une activité folle, menaça de convertir ses frontières rhénanes en une suite de travaux onéreux qui auraient épuisé le trésor de l'empire ; des talents militaires rivalisant avec les meilleurs généraux allemands s'étaient révélés ; la confiance renaissait, réveillant le patriotisme endormi, la France saluait de ses acclamations les Galiffet, les Lewal, les Boulanger et une pléiade de généraux en qui s'était incarnée l'âme de la patrie.

Ce spectacle, doux au cœur des patriotes français, faisait rugir l'Allemagne.

Par quelle action ténébreuse le charme disparut-il tout-à-coup ? Par quels moyens infâmes les généraux français qui s'étaient le plus signalés par leur activité et leurs talents furent-ils enlacés dans les replis d'une politique honteuse, faite de fiel et d'astuce, exsudant une purulence nauséabonde ? Par quelle trahison insigne des Français apportèrent-ils l'appui de leur plume et de leur parole à cette œuvre de désagrégation nationale ? Comment le général Boulanger, en qui je n'ai pu voir qu'un Skobeleff français, portant haut et ferme le drapeau des aspirations du peuple qui veut la pacification par la légalité, fut-il traîné dans la boue des ordures des factieux, outragé dans son honneur de soldat et de citoyen ?

Si de pareils crimes de lèse-nation s'étaient perpétrés en Russie, il n'y aurait pas eu de châtiment assez sévère pour punir ceux qui s'en seraient rendus coupables, et, devançant la justice des lois, la vindicte publique aurait énergiquement châtié les auteurs de ces méfaits.

Qu'on cherche les auteurs de ces scandales et l'on reconnaîtra à leur origine la main de l'Allemagne dans ce débordement de haines. Ce qu'elle voulait, c'était arrêter ces hommes de travail dans leur essor, ralentir l'œuvre de réorganisation militaire, jeter la défiance dans les esprits, et elle y est parvenue.

Le péril pour la France est tout intérieur, car dans l'état de guerre sourde où elle se trouve avec l'Allemagne, on ne peut voir sans épouvante des Allemands pour qui toutes les ruses sont permises, portant l'étiquette française, former dans son sein un parti gouvernemental ayant un pied au pouvoir et l'autre dans le concertium financier teuton qui tient le gouvernement en échec par les journaux qu'il commandite et tous les moyens que l'argent met à sa disposition.

Cette situation alarmante aurait dû, depuis longtemps, frapper les esprits en France, mais on y est halluciné par la névrose sectaire, qui fait voir des périls imaginaires et crée l'aveuglement sur les dangers réels.

Pendant ce temps, les nuages s'amoncèlent, l'horizon s'obscurcit, le péril devient chaque jour plus imminent et la France s'épuise dans des luttes funestes, laissant sa frontière du Nord ouverte, ses armements sur chantier, sa réorganisation incomplète. On marchande aux hommes

portant toute la responsabilité de la défense nationale les crédits nécessaires à leur œuvre
pour les accorder à des prébendaires du pouvoir.

Des Français qui se paient de paroles et se
bercent d'espérances m'ont souvent dit que le
danger rallierait tous les partis pour la défense
commune ; c'est possible, mais il sera trop tard ;
on a semé la haine et la méfiance, on récoltera
la division. On verra alors, comme en 1870, les
soldats discuter les actes de leurs chefs, les ac-
cuser de trahison avant d'avoir combattu, la
scission dans le gouvernement, la guerre civile à
l'intérieur et la France disparaître du nombre
des grandes puissances.

Le succès pour la France n'est possible qu'au
prix de l'abdication des personnalités et pour
cela l'épuration est urgente.

Il ne faut pas demander à l'esprit sectaire le
sacrifice de ses intérêts et de ses passions, mais
il appartient au peuple armé de son vote de faire
rentrer les ambitieux et les suspects dans les
rangs, et de remettre l'autorité aux plus dignes,
au talent et à l'intégrité éprouvés ; mais qu'il
s'assure avant tout que les hommes à qui il ac-
corde sa confiance sont des Français de race.

Que l'étranger se fasse naturaliser pour mon-
ter à l'assaut du pouvoir, pour participer à la
curée, pour exploiter la nation hospitalière, voilà

ce qui ne se voit plus qu'en France et en Belgique.

Je me résume, le danger pour la France, c'est l'ennemi de l'intérieur. Si elle parvient à extirper la corruption de son sein, la victoire est à elle; sinon, c'est la fin de la Gaule. C'est aussi comme cela que finit la Pologne.

. . . .

Nous ajouterons aux paroles si éloquentes de l'ami dévoué que la France possède en Russie où toutes les sympathies lui sont acquises : *Qu'on n'attende pas qu'il soit trop tard.*

———

3987. — Tours, imp. E. Arrault et Cⁱᵉ.

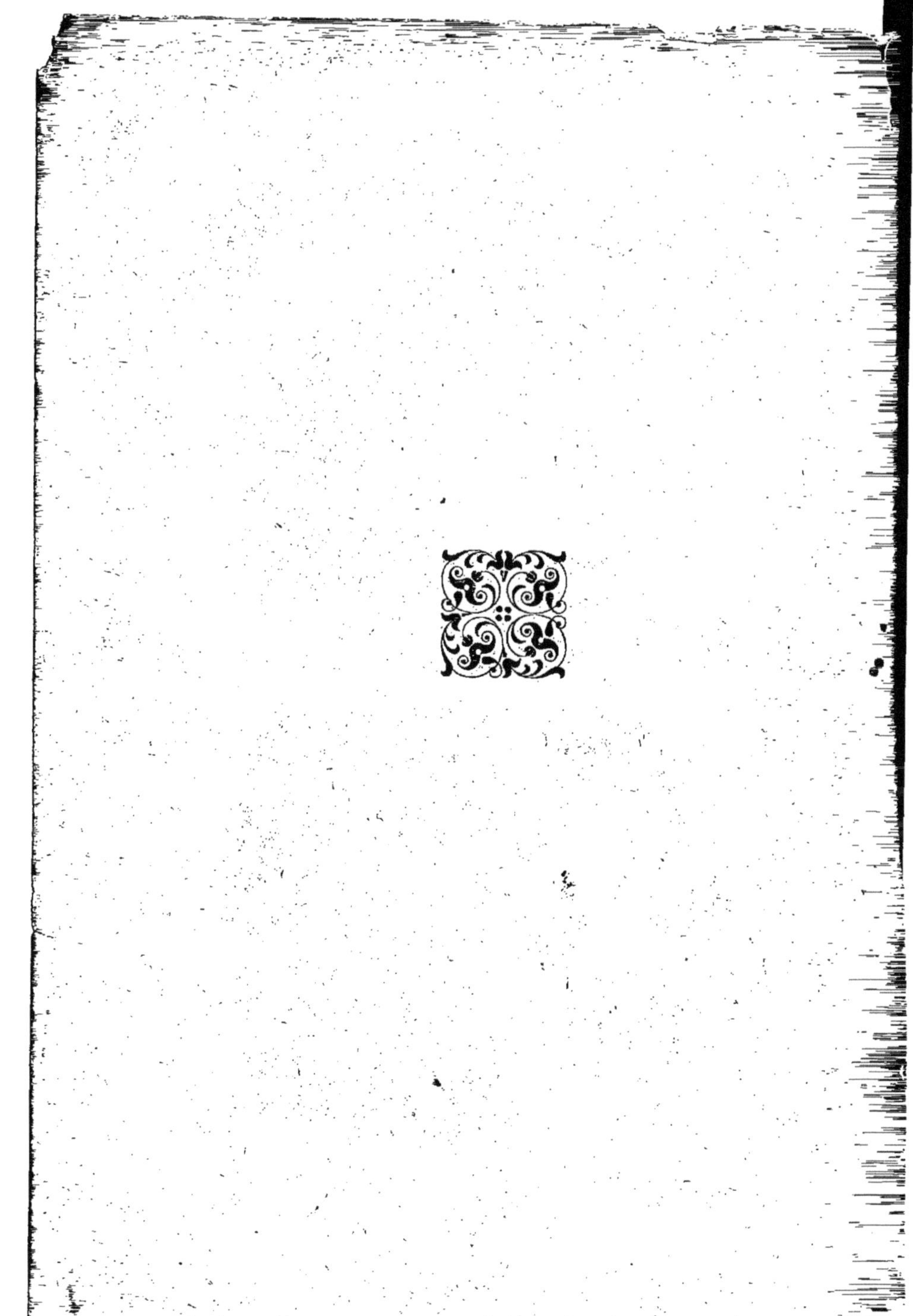

9 782019 920869